ラインホールド・ニーバー

アメリカ史のアイロニー

大木英夫・深井智朗 訳

The Irony of American History

by Reinhold Niebuhr

聖学院大学出版会

Reinhold Niebuhr

The Irony of American History

Charles Scribner's Sons, New York 1952

冷静を求める祈り

神よ、
変えることのできるものについて、
それを変えるだけの勇気《カレイジ》をわれらに与えたまえ。
変えることのできないものについては、
それを受けいれるだけの冷静《セレニティ》さを与えたまえ。
そして、
変えることのできるものと、変えることのできないものとを、
識別する知識《ウイズダム》を与えたまえ。

「いかなる価値あることも、人生の時間の中でそれを完成することはできない。それゆえひとは希望によって救われねばならない。いかにまことで美しく善きことであっても、目に見える歴史の現実の中でそれを明白に実現することはできない。それゆえひとは信仰によって救われねばならない。いかに有徳な者であってもひとのなすことはただひとりだけでは達成することはできない。それゆえにひとは愛によって救われるのである」。

（本書一〇二ページより）

目次

まえがき

本書の大部分はかつておこなった二つの連続講演から成り立っている。ひとつは一九四九年五月にミズーリ州フルトンにあるウェストミンスター大学でジョン・フィンドリー・グリーン基金の援助のもとに行われた連続講演であり、もうひとつは一九五一年一月に、ノースウェスタン大学で、その年のシェイファー基金講演として行ったものである。この二つの連続講演では、ともにキリスト教信仰の立場から、昨今の世界状況におけるアメリカの立場について論じている。ウェストミンスターとノースウェスタンでの両連続講演は本書の二章から七章を構成している。

第一章と第八章では、私がアメリカ史の解釈に用いた「アイロニー」という概念の解説を試み、それによって元来の講演では単に潜在的に用いられていたに過ぎなかったこの概念を顕在化させようとした。しかし私は「アイロニー」という概念をこれからの議論において用いるにもかかわらず、それについての詳しい議論を最終章にまで持ち越してしまっているので、この短い「まえがき」でいくらかのことを先取りして述べておくのがよいと考えた。

ひとはしばしば現代史における「悲劇的な」(tragic)面について語る。そしてまた同時にひとはこの時代的状況の中に見られる「悲哀的な」(pathetic)面についても語る。私は本書では歴史における「アイロニック」な要素を、悲劇的なものや悲哀的なものから区別しようとしたのであるが、その区別は、今日のわれわれの経験の中に悲劇的な要素や悲哀に満ちた要素が存在することを否定するものではない。そうではなくて、それは「アイロニック」な要素の方が前二者と比べて、歴史の現実をよりよく開示することができる、という私の確信に基づいているのである。

そこでこれら三つの要素を次のように区別してみたいと思う。まず第一に悲哀(parthos)であるが、これはある歴史的な状況において悲哀感を惹き起すものであるが、それは賞賛にあたいするようなものでもないし、またそれによって人間を悔い改めに至らせる保証もない。悲哀というのは、人生において、何の理由もなく、また過ちもないにもかかわらず、偶然や混乱によってこの身にふりかかってくるようなものである。純粋に自然的な災害から生じた苦難は、もっとも純粋なる悲哀的な要素のもっとも顕著な事例である。

次に人間の状況における「悲劇的な」要素とは、善をなそうとしているのに、あるいは悪と知りながらもそれを選ばねばならなくなってしまうような状況のことである。人間あるいは国家が善き目的をめざしながらも悪をなしてしまうような場合、あるいは人間や国家がより高い責任を果たそうとして罪をおかしてしまうような場合、あるいは既にそれ自体高い価値をもっているものを、それよりもさらに高い、あるいはそれと同等の価値のために犠牲にしなければならないような場合、その選択は悲劇的なものとなる。それ故に今日の平和を維持するための道具として、原子爆弾による破壊という脅威を用いなければならないということがある必然性を持っているということは、まさに現代における悲劇的な要素のひとつなのである。このような悲劇は哀れさだけではなく、人々の敬意をも呼び起こすものである。なぜならば悲劇は負い目だけではなくある種の崇高さと結びつくからである。

第三に「アイロニー」は外面的には、人生における運命的なインコングルイティのうちに見出されるものであるが、注意深く吟味してみるならば、アイロニーを単純に運命的と言うことはできないことが発見される。インコングルイティということそのものは単に喜劇的なものにすぎない。それは笑いを誘う。喜劇のもつこの要素はアイロニーから完全な仕方で取り除くことはできない。しかしアイロニーには何か喜劇以上のものが含まれているのである。喜劇的な状況がアイロニックな状況と呼ばねばならなくなるのは、このインコングルイティの中に隠されたある関係が発見される場合である。それはどのような場合であろうか。たとえばもし美徳が、その美徳の中に隠された何らかの欠陥によって悪徳となってしまうような場合、あるいは強力な人間や強大な国家がその強さの故に虚妄におちいり、強さが弱さになってしまうような場合、またもし安全保障が過度に強調されてかえってそれが危険に変わるような場合、そして知恵がそれ自体の限界を認識しなかったばかりに愚かさへと変質してしまう場合、これらすべての状況はアイロニックな状況と言うべきものなのである。そしてアイロニックな状況は、この状況に直面している人間がそのような状況に対して自ら何らかの責任を持っているが故に、それは悲哀的な状況から区別されるのである。またアイロニックな状況が悲劇から区別されるのは、その責任が意識的な決断に基づいているというよりは、無意識的な弱さに基づいているという事実においてである。悲哀的な状況や悲劇的な状況は、人間が自らそのような状況に巻き込まれていることを意識したところでその状況を解決することができないが、他方、アイロニックな状況は人間や国家がこの状況に連座していることを自覚するようになっていく場合、その状況は解決されねばならなくなるのである。そのような自覚の中には、隠された虚妄や偽瞞があることを悟る認識が含まれているのであり、喜劇がアイロニーに転化するのはそのことによってなのである。そのような認識は、偽瞞をやめさせること、つまり悔い改めへと導くにちがいないのである。そうでないならば、それは虚妄の激化をひきおこし、その結果アイロニーは転じて純粋な悪と化するのである。

アメリカの文明がその代表的な例証である現代のリベラルな文化は、美徳、知恵、そして権力にひそむ偽瞞に対して向けられた数多くのアイロニックな反駁に巻き込まれている。コミュニズムはすでにこのような偽瞞をさらに専制政治という不健全な形態にまで発展させてきたが、その系譜においては、われわれのそれと違うものではないが、同じく幻想から蒸溜してつくられた対立し合う悪の二重のアイロニーに巻き込まれている。コミュニズムも、正義と徳という元来の理想と今日の現実的な状況とのアイロニックな差異を隠蔽しようとして、懸命にコミュニズム的な専制政治が「デモクラシー」であり、その帝国主義こそが世界に恒久的な平和をもたらすものであると演出しようとしているのであるが、結局はそこでもアイロニーは解消されて、純粋な悪と化してしまっているのである。

これらの三つの概念が現代史の解釈にとって意味ある原理であるかどうかについては、本書の各章を読まれた後の読者の判断に委ねられる。私は付け加えておかねばならないのだが、私自身は決してアメリカ史の分野で専門家の資格を有するものではない。それ故に私はおそらく多くの点で事柄やその判断において誤ちを犯しているに違いないということをあらかじめこの分野の専門家の方々に対して弁明しておかねばならない。

私はウエストミンスター大学とノースウェスタン大学の学長および委員会の方々に、この講演のために私がそれぞれの研究機関に滞在した際に受けた親切の故に感謝を申し上げたいと思う。また本書の原稿を読み、必要な注意を与えてくれた私の妻アースラー・ニーバー教授とバーナード大学のエドモント・シェルボニエ教授に、またほとんどの章を読んで下さり、貴重な修正案を提供してくれたハーヴァード大学のアーサー・シュレジンジャー・ジュニア教授に感謝する次第である。もちろんこれらの批判を寄せて下さった方々が、私の基本的な命題やその展開の中に見いだされるであろう誤りについて責任を持つなどということは有り得ないことである。

一九五二年年一月　ニューヨーク市にて

ラインホールド・ニーバー

第一章　アメリカの状況におけるアイロニーの要素

1

今日誰もがわれわれわれが巻き込まれている世界的な闘争の持っている明瞭な意味を理解している。われわれわれは専制政治に対して自由を擁護し、より高次の正義という本来の約束から悪魔的仕方で不正義や残忍さをつくり出してきたひとつのシステムに対抗して正義を保持しようとしているのである。その明らかな意味については毎日の報道の中でわれわれのために分析されたり、そのさまざまな側面については、いろいろな会場や卒業式のスピーチの中で解明されたりしている。しかしだからといってそれが使い古されたものになってしまうということではない。それらはみな間違ってはいないのだが、それで含まれている意味全体が語られていると言うことはできない。

そこにははっきりとしたパターンがあるというわけではないが、この闘争には明らかに悲劇（tragedy）の要素が存在していることをわれわれは知っている。今日のわれわれの文明が直面していることより以上に明白な悲劇的なジレンマというものが他にあったであろうか。われわれはこの文明がもつよさ（virtue）について確信をもってはいるが、世界が戦渦にさらされることを防ぐためにはやはり原子爆弾を準備しておかなければならないのである。実際にはこの種の威嚇によって紛争がさらに避けがたいものとなっている。それにもかかわらず、この文明はこのような威嚇を完全に捨てさることができないでいるのである。それだけでなく、もし紛争が勃発したならば、非コミュニズム世界は自らを物理的に防衛するというその過程で、倫理性をもった文明としての自己自身を破壊してしまうことになるかもしれないのである。なぜなら大量破壊が可能となった近代兵器の使用によってなされる戦争は、勝者にも敗者にも、戦後にその文明を再建するために必要な物理的・社会的な財を残し得るとはもはや誰も保証できないからである。それ故に勝者は、世界規模で、しかも権力をひとつの特定の中心から行使するという「帝国主義的」な問題、その権力が、実際には圧倒的で追随を許さないような権力を、たったひとつの権威をもった人間が、あるいは組織が行使するという「帝国主義的な」問題に直面することにもなり、結局は正義という世界支配における根本的な基準を侵害することになってしまうであろう。

このような悲劇的なジレンマが、われわれの時代状況についてのもっとも印象深い局面である。しかし現代史におけるこのような悲劇的な要素は、アイロニックな要素ほどに深い意味を持っているということはできない。純粋なる悲劇とは、たとえば何か偉大なる善のためにはいさぎよく勇敢な死を選ぶとか、あるいは罪を引き受けるとかする英雄に対し、尊敬や愛惜の涙をもよおすというようなことである。しかしアイロニーは、何か笑いを惹き起こすというようなものであり、さらにその笑いを越えてその全体が分かると納得をも惹き起こすものをも含んでいる。というのはアイロニーは、ある不条理を含んでいるが、それが十分に理解されるならば全く不条理でなくなってしまうような喜劇性を含んでいるからである。われわれの時代はこのようなアイロニーに巻き込まれていると言えるであろう。なぜならわが国の多くの夢は残酷にも歴史によって反駁されてきたからである。イノセントな美徳というわれわれの夢も、諸国家の共同体をめざすべき責任という善のためには、原子爆弾という、予想される悪にたよらざるを得ないという状況の中で消え失せるのである。さらに言えばこのようなアイロニーは、この厳しい現実を直視せず、またこの現実的な危機やさし迫っているなさねばならない事柄とは何の関係もない理想的な世界秩序について夢想を抱くわれわれの時代のアイデアリストたちのおめでたい努力の故にさらに増大しているのである。

人間の歴史の全体を人間の意志のコントロールのもとに置こうというわれわれの夢は、どのようなアイデアリストたちのグループによっても歴史の流れを平和や正義というようなあるべき姿へと導くことは決して容易なことではないという事実によって、アイロニカルにも反駁されているのである。歴史というドラマの中に登場する強硬に抵抗する諸力はわれわれの予想を越えて強力かつ頑固なものである。ブルジョア文化の典型的な生き生きとしたシンボルでもあるわがアメリカは、その幼年時代よりもそれが最強の国となった今日において、それが欲することをなす力がなくなっている。幼児は、より広い世界にある大人よりも、より安全な世界に住んでいる。歴史というドラマのかたちは、もっとも強力な人間や国家のそれよりももっと急速に強大化する。

われわれが直面している歴史的な挫折の経験は二重の意味でアイロニックである。というのは、われわれにとってもっとも好ましく思われる希望に反対する頑強な力が、われわれの場合よりももっと単純な仕方で人間のもつ強さと弱さの曖昧さから脱却できると考えるデモーニックな、宗教—政治的信条によって鎧ろわれているからである。というのはコミュニズムは、歴史上のある特定の地点で人間が「必然の王国から自由の王国へと飛躍」する力を持っていると信じているからである。コミュニズムの残忍さのひとつは、コミュニズム運動がこの飛躍の向う側に立っているのであり、歴史全体をその手中におさめているのだという途方もない主張から生じているのである。またその残忍さは、歴史の「論理」がコミュニズム運動の思い描く軌道と一致しないということが出てきたとき、歴史の支配者を任じるコミュニストたちが経験する挫折感から出てきたと思われるふしがある。歴史の行方をコントロールしたいというわれわれの夢は、もしそれが実行に移されているとすれば、コミュニズムの場合と同じような残忍さに陥ったことを予想することができるのである。しかし幸運というべきか、哲学者王や科学者王となりそうなエリートたちに現実的な政治力を与えるようなプログラムは存在しなかったのである。

歴史的な運命を支配する力を信じる現代人の確信は、歴史における摂理の支配という古めかしい概念をみな捨て去ることを促したのである。自らの美徳を信じ切っている現代人は、人間の徳の曖昧性というキリスト教的な教説をも完全に否定してしまった。自由主義世界において人間の本性や歴史に宿る悪は、社会制度や無知に、あるいはその他人間の本性や環境の欠陥を処理しなかったことに帰せられた。そのことはコミュニズムの信条においてはより明白なことであり、それだけにより危険なのである。コミュニズムにおいては悪の起源は所有制度の中に見出されている。それ故その制度をコミュニズムが廃止したということが、人間の歴史におけるもっとも巨大な権力集中をもって堕罪前の状態とみなすこっけいな主張を促すのである。このような堕罪前の状態の強調から悪が生じるということは、はなはだアイロニックなことである。しかしながらアイロニックなことはいわゆる自由主義世界がコミュニズムのこのような危険性を退けるために自ら罪を身に帯びねばならないということである。そして究極的なアイロニーの頂点は、自由主義を主張する国々のうちで最強の国家がアメリカ合衆国であるという事実によって到達される。なぜなら自由主義文化のもつひとつひとつの幻想がアメリカでは、実際にはその力は見せかけだけのものになっているのだが、特別に強調されているからである。

われわれは半世紀前には無責任な無邪気さをもって無邪気であっただけではない。それだけではなくわが国の存在意義を、神が人類に新たな始まりを切り開くための努力であると解釈することの国の運命の宗教的理解をもっていたのである。しかし今やわれわれは世界的な規模の責任をこの身に負うことになった。つまりわれわれは弱小なものから強大なものへと成長してきたのである。われわれの文化は、このようにして得た権力の用い方やそれが濫用されることの問題性について、ほとんど知ることがないままでいるのである。それにもかかわらず、われわれはこの権力を地球規模で用いなければならない立場になったのである。この国のアイデアリストたちは、われわれの魂の純潔を守るためにはこの種の権力の責任ある行使を放棄すべきだという人々と、どんな手段であっても良い目的のために用いられるのならばそれは善であるに違いないという途方もない主張をすることによって、われわれの行為における善と悪のあらゆる曖昧性を隠蔽してしまう人々とに、分裂してしまっている。われわれはわれわれの文明を保持し続けるために、道徳的には危険な行為をなしているし、今後もなさねばならない。われわれは力を行使しなければならない。しかしわれわれは一国家がそのような力の行使において完全に利害を超えて公平なものであり得るなどということを信じてはならないのであるし、ある特定の利害や感情が権力の行使を正当化するところの正義をゆがめる相当な可能性があることについて自己満足的であってはならないのである。コミュニズムとは、善であるはずの目的と問題ある手段との結合の問題に自己満足的に対応する倫理的欠陥がもたらした怪物的帰結の実例なのである。

コミュニズムとわれわれとの間の軋轢《あつれき》におけるアイロニックな性質は、多くの場合、権力と正義、権力と美徳との関係という問題に集約されている。コミュニストたちは、明らかに理想主義的に方向付けられた仕方で正義について考えるという幻想をもって、何ら良心の呵責《かしゃく》もなく権力を行使しようとする。われわれ自身の文化はどうかと言えば、権力の行使という課題についてはいわば精神分裂的な状態にある。というのは一方で、いわゆる自由主義社会では利害の純粋に合理的な調和が存在するのだと主張される。しかしまた他方で、自由主義社会は、その社会のもつ権力や活力の不思議なバランスを、それをつくり出す政治家たちの政策を正当化するような自覚的な哲学などなしに、注意深くつくり出すことによってまずまずと言ってよい程度の正義に至ったりもするのである。しかしある時にはこの自由主義社会はコミュニズムの特徴であるシニシズムとアイデアリストとの奇妙な結合に接近するし、またある時には目的達成のためには、何ら良心の呵責なしに、どのような手段でも用いるということも考えているのである。

「唯物論」の問題も、われわれとの論争と同様にアイロニックな帰結をもたらしている。コミュニストは、精神は物質の果実であり、文化は経済活動の所産であるという徹底した哲学的唯物論者を信じている。しかしどうだろうか。コミュニストたちは、哲学的な意味では、彼らがそう装うほどには、首尾一貫した唯物論者とは言えないであろう。なぜなら彼らは機械論的唯物論者と言うにはあまりにもヘーゲル的だからである。コミュニストたちは、自然と歴史とを貫く「弁証法」や「論理」という理念、つまり現実の総体を貫いてある理性的な意味構造が存在するということを意味するような「弁証法」や「論理」という理念を持っている。自由主義の文化においては「人間の尊厳」が常に強調されたにもかかわらず、それが過度に自然主義的に傾いているが故に、人間の尊厳についてはっきりしなくしてしまうような人間の本性についての見方に帰着するのである。

しばしば人間の本性は、物の本性において通用される方法と同じような方法で操作することができると誤って考えられることがある。それにとどまらず、人生の最高の目的が人間の歴史的実存において成就し得るということが自明の事柄とされている場合がある。このような確信が、一方では歴史の可能性についてのユートピア的な幻想に接近し、他方では人間の目的の唯物論的な見解へと接近するものである。不死についてのいろいろな概念は、願望思考に基づく結果だとして排除される。しかしこのような排除が、「われわれの手の長さはつかむところよりもっと先までとどく」ということ、鋭敏な感受性をもつ個人は、現実の歴史の変遷の内部においては成就し得ないような意味構造に関わりをもつということから生じる人間実存の緊張が分からないという無関心さを大いに含んでいるものである。

唯物論についての議論の中でもっとも顕著なアイロニーは、われわれ自身の技術文明の中の圧倒的な関心事が、天災から自らの安全を守るという課題と結び付いている点である。わがアメリカはこの課題との取り組みにおいてより高度な技術を展開してきたので、知らず知らずのうちにわれわれはこのアイロニーの中に深く巻き込まれてしまっている。わが国の講演者たちはコミュニストの「唯物論」思想に対して嫌悪感を率直に言い表しているが、福祉の一般的なレベルを向上させることに無残にも失敗しているコミュニストたちよりは、むしろわれわれの方が唯物論を行動基準として用いて成功をおさめた唯物論的実際家たちなのである。

われわれはパラダイスのような安全な国内が、グローバルな危険の地獄の中に宙づりになっているという歴史的な状況の中にひきずり込まれているのである。そしてカルヴィニストたち、またジェファソン主義者たちであった先達たちから継承した徳と繁栄とが完全に両立し得るという確信は、歴史における悲惨な諸事実によってチャレンジを受けている。というのは国境を越えた世界共同体のためのわれわれの責任感は、たとえそれがわれわれの打算的な利害問題から出たものであったとしても、ひとつの美徳だからである。しかしこの美徳がわれわれを安心させ、慰め、そしてわれわれの繁栄を保証するものではないのである。われわれは地球規模の責任を担えば担うほど貧しくなる。そしてわれわれの願いの成就には挫折と苦悩とが混在し、つきまとうものである。

われわれが置かれている歴史的状況の中にあるアイロニーは、われわれの文化における個人の尊重や尊厳、そして人生の究極的な価値としての自由というものを過度に強調することから生じてくる場合がある。われわれが大切に守ってきた個人主義という価値はきわめて現実的なものである。もしそれを捨てろと言うならば、死を選んだ方がましであるという考えは正しい。しかし個人を尊重するというわれわれにとってのこの高貴な価値観が場合によっては非常にアイロニックな矛盾の中にわれわれを陥れることがある。と言うのは、一方でわれわれの文化は実際にはそれほど個人を尊重しているとは言えないし、他方でもし正義を維持し続け、われわれの生存を保証しようとすれば、われわれのイデオロギーが主張しているほど個々人の自由を人生の目的として無条件に受け入れることはできないからである。

科学的な概念や技術万能主義的な幻想によって強く規定された文化は、個人の特性を否定したり、曖昧にしてしまう傾向にある。人間の本性をコントロールしようとする計画は、大抵人間の尊厳の主たる源泉、すなわち人間にとって根本的な問題である自己決定の自由と権利とを無視することになり、「人間の尊厳」の否定へと至る。人間の行為と出来事についての科学的な分析は事柄の因果関係に集中するので、このような否定が避けがたいものとなってしまうのである。人間の行動は、一応、いくつかの主要な原因やそれらの原因との関連から説明することも可能である。〔しかし〕因果関係を越え、個々人が自らの決定することのできる自由の領域は、科学的な分析の領域を超えた領域である。さらにこの自由の領域の存在を認めることは、予測不可能でき まぐれな要素を科学的な分析が用いる因果関係の中に持ち込むことになる。そのような意味では自由の領域というのは科学的な図式からすれば常に厄介なものなのである。それ故に科学的な文化は決定論的な傾向へと至るのである。さまざまな社会学的な決定論は、心理学者たちのなす人間の心理についての一般的な研究報告によって強化されるものである。そのことは科学的な方法が、自然と時間の中に制約されたものであり、それらを超越し、また宗教と詩とがその存在を自明のこととしている人格の超越的な核心をこの方法によっては十分な仕方では認識できないのだということを自ら証明しているのである。(注1)

(1) ガードナー・マーフィーは、人格についての経験的な包括的研究において、〔人格的〕自己《セルフ》の問題を使うに際して経験主義がもつ諸限界をうまく暗示している。彼はこう言う。「われわれはジェームズ・ウォードが言うように、すべての認識が自己によって脚色されているという可能性を否定しようとは思わない。……またわれわれは今日なお未解決の哲学的問い、すなわち経験のプロセスにおいてエンピリカルにはとらえられない経験主体の存在は果して必要であるか、という問いを度外視しようとする気は全くない。……このような錯綜した問題は、ゴルディウスの結び目を一刀両断するようなやり方では何も得ることはできない。われわれはとりあえず直面している問題に取り組むべきであり、それは、現在の研究段階では、人格についての研究者は、有機体およびその知覚可能な諸反応からは区別されるべき、あるエンピリカルな対象とはならないもの(a non-empirical entity)を要請すべきかどうかという問いである」(Gardner Murphy, *Personality*, p. 491)。もちろん「エンピリカルな対象とならないもの」(non-empirical entity)などは存在し得えないが、科学的技術によって取り出すことのできないようなものは存在するかもしれない。

さらに言うならば哲学や科学のような学問は、必然的に普遍的概念を用いなければならないので、個別的特性や特色を十分に正しく取り扱うことは困難となる。詩人であれば、ユニークでかけがえのない個人の特性、また人間の「ちっぽけな限られた場所に押し込むことのできないような思想、そして言葉を越えてこぼれ落ちる空想」（ブラウニング）、そして人間のそれぞれの歴史や願い、さらに恐怖が混在した独特の姿を描き出すことができるであろう。芸術的なセンスを持った小説家であるならば、人間の人格の特性のみならず、人間は他者との関係によって変化するものだということを描き出すことができるであろう。しかし人間の本性について科学的に厳密に記述するというのであるならば、これらすべてのことは成り立たないであろう。科学的に厳密な記述にとっては個別的なものは一個の当惑でしかない。

科学的文化におけるアカデミックな思想が個々の人間の自由や特性の神秘性を曖昧にしてしまう傾向にある場合、その技術社会の社会的な形態は人間性の現実を危険に陥れる可能性がある。わが国の大都市の機械的に出来上がった集合体は、純粋な意味での共同体とは異なったものである。というのは共同体というのは個々人の関係というところにその基盤を持っているからである。また共同体とは、個々人の生活が有機的に他の人々の生活の中に入って行くことによって、個人はもっとも完全な意味で彼自身になれる場なのである。このような仕方でわれわれの理論と実践とはわれわれの〔個人尊重の〕信条とは矛盾してくるのである。

このようなアカデミックな〔科学的〕思想は、われわれの個人主義の信条をしばしば否定することはあっても、われわれの社会的な実践はしばしば〔個人尊重の〕信条にまさるところがあるのである。というのは、われわれの社会に確立されてきた正義は、純粋な個人主義によってできたというよりは、集団的行動によってこのような姿にまで至ったからである。われわれは集団社会的権力に対しては集団社会的権力を対置することで均衡を保ってきた。すなわちコミュニズムという敵対者に敗北しないためには、国内的国際的に相当な範囲にわたって余儀なく巨大な集団的行動を企ててきたのであり、わが国で個人的なことこそ重要なものであるという確信を抱いていた多くの若者が、外国の戦場で死んで行った。われわれがつちかってきた信条はあまりに個人主義的であり、人間存在の社会的な次元に対する尺度を持ち合わせておらず、またあまりにも楽観的であったが故に、種々の共同体、とりわけ国際的な共同体の中にはびこる正義と裏腹の関係にある危険性を認識することができないというアイロニーの反撃を受けることになったのである。そのようにしてわれわれの信条がもし行き過ぎるとしたら、われわれの実践のもつきびしさをもってそれを緩和しなければならないのである。

それ故にわれわれがコミュニズムとの闘争において勝利をおさめたいと思うのならば、われわれが現在抱いている自由主義的な信条以上により賢明でなければならないのである。しかしわれわれは幸いにも、われわれの社会が暗に認めているような擬似的なドグマにおいてよりも、実践的な面においてはこれまで幾らかましであったわけである。もしそうでなかったとしたらわれわれが実際に現在達成しているような共同体や正義を得ることはできなかったであろう。たとえわれわれがブルジョア文化を支配しているエートスが、人間の歴史的な運命の全体を支配することができるというような危険な幻想を抱くことがあったとしても、われわれは幸いなことに、あるいはアイロニックなことにというべきか、われわれの文化が持っているさまざまな要因によってこの幻想から免れてきたのである。ここでいう幻想とは、人間の歴史はそれ自体が持っている潜在的な力によって進展し、いわばわれわれを運んでくれるという、現実とは矛盾した幻想なのである。この幻想によれば人間がめざす目標に達するためには、人間にはいかなる決断も努力も必要ないということになってしまう。われわれはそのような幻想に対しては、デモクラシーの強力な力によって救われているのである。というのは、あの幻想とは違ってデモクラシーにおける自由は、歴史の進むべき目標を定めようとする動きに接すると、当然のことながら拒否反応を起こし、またデモクラシーの保護のもとでの権力の分立は、いかなる集団が権力を奪取しようとしても、その権力の独占を防止するものだからである。

これらのアイロニックな対立と矛盾とはさらに注意深く分析されねばならない。ここでわれわれのとりあえずの関心事は、このアイロニーの経験の二重性ということである。つまり現代史は、われわれ自身が以前いだいていた希望、またわれわれ自身がわれわれ自身について今日なおいだいている幻想のいくつかに対してアイロニックな反駁を提起しているだけではないということ、それだけではなくその反駁の証明となった経験そのものが、われわれが深く保持している理想や希望を、われわれがもっとも嫌悪してやまないような惨酷な現実と化してしまった敵との抗争を機会として経験されたものだということである。

2

西洋の伝統的な芸術のもっとも偉大なもののひとつに、騎士道文化と中世的騎士の理想とを笑いの対象としてしまったセルバンテスのドン・キホーテがある。キホーテにおける騎士道の理念の体現は、要するに、騎士道の理想の不条理なる摸倣であった。そしてそのことは同時に騎士道の理想そのものが持っている不条理さを示すことになったのである。中世の騎士道というのは、チュートン人的な階級的虚栄心を帯びた騎士族の冒険心とキリスト教的な犠牲愛とを結合させたものなのである。それ故にキホーテの摸倣において、その愛は純粋な意味での犠牲愛となる。ということは、われわれはキホーテの偽騎士の幻想を笑いつつも、われわれは結局より深くかえりみれば、騎士制度そのものの持っている擬似的な性格を笑っていることに気づくのである。

われわれの現代文明は、中世の騎士道文化といくつかの類似点を持っている。しかし現代文明のセンチメンタルな、そして幻想的な傾向は、キリストのたぐいというよりは、何か悪魔的な愚かさによって、あるいは個人的な愚かさによってではなく、集団的な愚かさによって裁きの座に引き出されるようなものである。現代文明にも、そして中世の騎士道にも純粋なアイデアリズムとこの世的なものとの結び付きが見られる。中世の騎士たちは、その武力の虚栄心を苦境の貴婦人を助けに行くという名目と結びつけている。しかし助けを必要としている者とは、本当に援助を必要としている者たちではなくて、苦境におかれたある貴婦人のことなのである。近代の商業文化は人格、歴史、そして共同体についてのキリスト教的な理念と、典型的な意味でのブルジョア的な諸概念とを結びつけている。そこにある究極的で超越的な可能性を指し示すキリスト教信仰の諸要素は、単なる歴史的な産物にすぎないものへ転換されてしまっている。権力の抑圧によるのではなく完全な愛によって達成される生と生との結合の究極の国を持ちたいという宗教的なヴィジョンは、権力を公然と用いるというよりはそれを隠蔽した形で用い、さまざまな対抗諸勢力間に均衡をつくり出すことのできるような賢明さによって支配される共同体なるものをもって達成された社会的調和であるとする偽物とすりかえられてしまっているのである。権力が隠蔽された社会では、抑圧的な社会ではない、「合理化」された社会である、という偽装がなされているのである。中世の騎士たちは力とは何かについて十分に承知していた。騎士は軍事的力の象徴である馬上にあった。それに対して現在の商業主義的社会の持っている力は、銀行の金庫の中にある株券やその他の有価証券を取り扱う「カウンター」の手中にある。このような共同体は、内部で起こっている力関係の闘争がどれほど激しくとも、公けには力については何も知らされていないような文化を作り出しているのである。

神の前にはすべての人間は平等であり、この平等こそ正義をもたらす原理であると考えるキリスト教の理念は、このような文化の中では単にひとつの歴史的な可能性へと置きかえられてしまうのである。平等こそ正義をもたらすという原理は、ブルジョアによって封建社会における不平等を批判するための武器として用いられたものである。しかしこの原理をさらに下層の階級がブルジョアと平等なのだという主張のため用いるとき、それはもはや真剣に取り上げられることはないのである。コミュニズムは、この原理に基づいた考えを再発見し、そしてそれに一ひねりを加えてこの原理によって共同体の機能上必要な不平等までも取り除こうとして、それを社会への脅威にまで仕立て上げた。この原理は、キリスト教的理念としては、神の前ではそれぞれの個々人が意義ある存在と見なされているということを意味していたが、ブルジョア文明においては、個々人ひとりひとりがみずからの存在を究極の目的とするという概念にとって代わられてしまった。摂理というキリスト教的な理念は拒否され、人間は自らの運命の支配者であり、その魂の主であるという自己中心的な考えによって、とって代わられてしまったのである。

コミュニズムは、ブルジョア的な世界観のセンチメンタルな性格と幻想とに対し、あえてそれを問題にしたり、あるいはそれに負けず劣らぬ愚かで矛盾した概念を対置させたりして、ブルジョア的なものを批判し続けている。ブルジョア世界は自然を支配することで満足してしまって、歴史的運命を支配することと本気で取り組もうとはしていないと批判されている。エンゲルスが言っているように、歴史を支配するには「革命的な行為」が必要となる。エンゲルスの主張によれば、「この革命的な行為が成就する時、すなわち人間が問題を提起するだけではなく、それを支配するようになった時にこそ、ただその時にこそ、最後の外圧として残されている宗教が消滅するのであろう」。すなわち彼が言いたいことは、歴史のドラマがもっているところの人間の意志や理解の限度を越える神秘や意味について、人間は全く感覚をもたなくなるだろう、ということである。しかし人間は、それによって、人間自身の力と知恵に対する幻想に支配されることになってしまうのであろう。

ブルジョア的な社会理念においては、権力の道徳的に問題ある側面は隠蔽された仕方でその根底に伏在しているのに対して、コミュニズムにおいては、革命時における権力の最終的で、決定的な、断固たる行使ということが主張されている。コミュニズムの主張によればこの革命を通して、強制力を持った権力を必要としない社会が成立し、国家は「死滅する」というのである。競合する利害関係を注意深くまたよきバランス感覚によって釣り合わせることによって社会の調和を生み出そうとする〔ブルジョア的〕社会理念は、「階級間の対立」を惹起して最終的には内戦へともって行くというコミュニズムの戦果によって挑戦を受けている。この戦いにおいてプロレタリアートは「国家権力を奪取」し、それによって「プロレタリアートとしての自分自身に終わりを告げる」（エンゲルス）のである。そしてこのようにして、あらゆる階級差別や闘争が取り除かれた社会が創造されるということになっているのである。

自由主義的な理念であるすべての人間はその本性においては善であるという見解は、コミュニズムにおいては、レーニンが言ったように、プロレタリアートだけがもつことができるという美徳、つまりプロレタリアートだけが私心なく勇気ある者となれるという理念によって置き換えられるのである。そのようにしてコミュニズムは、自由主義においては多少有害なものであったにすぎなかった人間の本性についての幻想を、完全に有害な幻想へと変えてしまった。この幻想が、予想可能なあらゆる悪の果実を生み出すことになることを証明するかのように、コミュニズムがこの美徳をになうという階級に許したいことはなく、権力の独占がすべての美徳を破壊することになるというあの機能であった。

コミュニズムは、ブルジョア的理念、つまり個人の個別性と自己充足性という理念に対して、個人はコミュニズムにおいてこそ自己を開花させ得るし、また個々の人間はその現実をさらに越えるようないかなる欲望や野心や希望をもつことはないほどに完全で摩擦のない社会ができるという概念をもって、挑戦しているのである。このような社会建設の時が成就することこそが真の歴史の開始であり、それに先立つ時代は「前史」ということになってしまうのである。しかし実際にはそのような社会の成就は、〔歴史の開始〕ではなくて歴史の終わりであるはずである。なぜならもし個々人が完全に共同体の中に取り込まれてしまうとしたら、歴史はその創造力を失うことになってしまうからである。言うまでもなく、この夢の果てには、個々人の意志と良心とがもつあらゆる形は抑圧され、〔意志のもつ〕偶然性は奪われて不可避的な発展という強制が支配する共同体の悪夢に変化してしまうであろう。つまりそのことによって明らかになることは、個々人をただその社会的な関係においてだけ理解しようとすることは、人間の社会的な性質を否定することよりももっと危険である、ということである。

あらゆる事例をもって言えることは、コミュニズムは、ブルジョア的なエートスの中に存在する多少危険でセンチメンタルな要素や矛盾した要素を、それを完全に有害なものに変化させてしまっているということである。このような意味ではコミュニズムは、荒馬に乗って、文明という名の騎士や貴婦人とを絶滅させ、こうしなければ世界から悪を除去できないと確信している、猛烈で奔放なドン・キホーテだと言えるであろう。キホーテのようにコミュニズムも自分自身では、自分だけは幻想から解放されているのだと考えているのであるが、実際にはコミュニズムは二重の幻想を抱いているのである。ここまではコミュニズムとキホーテとが似ている点である。ところがここからが違っているのであってセルバンテスのキホーテは第二の幻想が第一の幻想の持っている誤解と悪とを清めるものであるが、悪魔的なキホーテの場合においては、第二の幻想は第一の幻想に悪魔的な次元を付加してしまうのである。

わがアメリカ自体も実は、この二重のアイロニーに、独特な仕方でではあるが、同じく巻き込まれており、またその犠牲になっている。ブルジョア文化の「騎士たち」の中で、われわれの城はもっとも堅固で、われわれの馬はもっとも毛並みがよく、印象的でもある。もし原子爆弾を騎士の武具にたとえることができるならば、われわれの武具はもっとももよくひかり輝いているし、その意味でわれわれの夢の貴婦人たちはきわめて裕福であり、好ましい姿にある、ということができるであろう。わが国では「繁栄」がこの貴婦人の役割を果たしている。さらにわれわれは成功を勝ち取ることによって、自らの文明に対する信条を熱烈に打ち出し、そうすることによってみずからの文明の首尾一貫しないところを、他のどの同盟国より以上に首尾一貫隠蔽してきたのであった。われわれは戦場の最前線で敵と向き合っている状態であるが、われわれのイデオロギーという武器は、火薬の登場によってその支配を脅かされるようになってしまった騎士の槍のようになってしまっており、しばしば時代遅れであることを感じざるを得ない状態なのである。

もはやわれわれの立場は、誰にもうらやましいと思われなくなっている。なぜなら、われわれが直面している戦いが激しさを増し加え、われわれ自身の歴史に内在するアイロニーを見出し、さらにわれわれとその敵との間に存在する二重のアイロニーを見出すような余裕もなければ、そのような気持ちさえも持ち合わせていないような状況にわれわれはおかれてしまっているからである。もしわれわれがそれらと戦っている諸悪は、実はしばしばわれわれが抱いている幻想と同じような幻想が産み出した果実であるという事実を十分に理解するならば、われわれとコミュニズムとの間に存在し、まだどちらにも属していない世界、とりわけアジアの諸国が、このような有害な信条に巻き込まれてしまうことから救済するための用意をわれわれは提供することができるであろう。

第二章　イノセントな世界におけるイノセントな国家

1

近代文化に属するすべての学派は、他の点では一致できないにもかかわらず、原罪というキリスト教的ドグマを拒否するということでは大抵一致している。このキリスト教のドグマは、人間はすべて、自分自身を他の人よりもより高く見せるという傾向があり、自己の利益を「客観的」にその重要性が認められるより以上に懸命に守るものだ、という明々白々たる事実をのべているものである。近代文化はさまざまな形態をとっているにもかかわらず、次のような確信では一致している。すなわち、もし人間が人間の過剰な利己心という不正義を、客観的に、あるいは自己の利害関係を除外して認識することが可能となるならば、人生状況の観察者として得られた彼らの客観的判断をやがて人間歴史の舞台で演じる役者・行為者としての判断へ移すことも可能であるという確信をもつことである。しかしこのような見方は不条理なものであって、現実的政治学や実務家は誰もがそれをいかに割引してとるかを知っている。それは彼らが野心や情熱と日常経験の中で出会っているからであり、一般に行なわれているような人間や国民が潜在的に罪の汚れをもたないという近代的理論は成り立たないからである。それ故に現実問題の処理にたけた政治家たちの抜け目なさと今日の賢者たちの思弁との間には顕著な溝が存在するのである。賢者たちは、原子爆弾や地球規模の紛争に巻き込まれるかもしれないという可能性を持っているわれわれの現在の状況は、政治家たちが心理学者や社会学者たちの忠告に耳をかさなかったことの帰結だと考えている。(注1)逆に政治家たちは、誰もが身につけているような抜け目なさ、人間は比較的小さな世界で、つまり身の周りの出来事の解決において政治家と似たような判断をするものだが、その際用いるような抜け目ない賢さに頼ることで、幸いにも賢者たちの勧告を無視し続けることができたのである。政治家たちのすべてが地球規模の紛争についてまで考えねばならなくなった今日のわれわれの諸問題の解決のために、優れた才能を発揮してきたとは言えない。しかし彼らは少なくとも、地球規模の紛争を避けようという、最小限度の希望をわれわれに抱かせるような舵取りをしてきたことは確かである。

（1）その中のひとりが次のように述べている。「一方で科学的方法は、あらゆる物質面での進歩に関わるすべての面に全面的に適用されてきたが、そのような物質的な進歩が前面にもろ出しにされてきた社会的心理学的な諸問題に対しては、ただ抑制的にまた試験的にのみ応用されてきたに過ぎなかった。それのみならず、たしかにもっとも保守的な製造業者のような人びとさえも科学者や技術者の忠告は比較的容易に受け入れているのだが、政治家たちが社会科学者の諸発見に注目するということはめったにないことである。誰かがそう言ったように、この無線と飛行機の時代に、典型的に政治家は地面に聴き耳をたてているのである」(Ralph Linton, *The Science of Man in the World Crisis*, p. 219)。

しかしわれわれは、さらなる戦争を逃れることができるかできないかということにかかわらず、常に罪を犯す可能性の中に置かれているのである。われわれは人間社会の利害にかかわる純粋に合理的な調整を夢見てきた。ところがわれわれは「全面」戦争の予想に蔽われている。われわれは人間のあらゆる問題についての「科学的な」解決方法を夢見てきた。ところがわれわれは、世界的規模の紛争への緊張が、個人や集団の感情を緩和すべく簡単には合理的コントロールに付すことはできないことを知った。われわれは正義と不正義との間の整然とした、しかも明白な区別を望んできた。ところがわれわれは、罪責が人間のもっともよき行為にさえも含まれていることを発見した。

みずからイノセントなものとしている世界がこのように巨大な罪に巻き込まれている。それは敵対し合う二つの超大国それぞれがもっている公認神話や国民的思い出話しによって、それぞれが自からをとりわけイノセントだと考えているからであって、その事実のゆえに、この状況はとくにアイロニックな次元にのぼりつめているのである。ロシアのコミュニストたちみずからをイノセントであると強調することから生じてくる恐るべき悪は、自由主義のドグマのひとつの変形した果実なのである。自由主義のドグマによれば、人はきわめて利己的な存在である。なぜなら人間は自分自身以外のことについて配慮する知性に欠けているからである。しかしこの高度な知性は教育によって補給され得る。また逆に人間は不幸な社会的、政治的環境によって利己的になるものである。しかし自由主義のドグマによれば、これは科学的に完成された社会制度の発展によって克服され得るものである、ということになっている。

コミュニストのドグマはさらに特殊なものである。それに従うならばひとはある特定の社会制度、すなわち財産所有の制度によって堕落するということになる。ひとはこの制度を廃止することで、この財産所有制度が出来上がる以前に存在していたような原初的イノセントな状態に戻ることができるというものであり、それはエンゲルスが、「軍隊、憲兵、警官、知事や判事、牢獄や法律、そして訴訟などがいずれも存在しない」牧歌的で調和のとれた状態と呼んだものである。

このイノセントな状態への回帰の始動を果たすのがプロレタリアートたちなのである。この階級の人々はイノセントな存在とされている。なぜならこの階級の人々は守らねばならないような利害を持っておらず、また彼らは「生産制度の独占的な様式を廃止する以外に社会の生産力の主体」となることができないからである。プロレタリアートは、人類全体を不正義から解放することなしには自からの奴隷状態から自からを解放することはできない。ひとたびこの解放の行為が果されるやいなや、革命の反面にあるいかなる行為も出来事も、罪からのこのような新しい解放のために奉仕するものとなる。革命国家とは罪なき国家なのである。なぜなら彼らの「定義によれば」、「帝国主義」の罪は「資本主義」国家に限って生じるものだからである。このようにして、多くの個人的あるいは集団的な人間の行為の中にはいり込んでくる権力欲〔の問題〕はそこでは曖昧にされてしまう。この新しい革命国家の祭司なる王が政治的な支配と経済的な支配の両方をひとにぎりの少数独裁者たちに掌握させることによって、彼らは法外な権力を手中に治めることになるにもかかわらず、理論上彼らはいかなる悪にも汚れていないと主張する。彼らの利害と彼らに支配されている一般民衆の利害とは、どちらも財産を所有していない故に、定義的には同一だということになる。

ロシアによる他のより小さなコミュニズム国家に対する、腹立たしくも専横な支配の問題も、彼らの公式の理論によって、曖昧化され、正当化されてしまうのである。ハミルトン・フィシュ・アームストロングはコミュニズム国家間の関係についてのブハーリンの解釈についての彼の報告書の中で次のように述べている。「〔ニコライ・ブハーリンは〕何とコミュニズム国家間における国家間闘争は『定義によれば起こり得ないことである』という。というのは、『戦争は原料や市場を獲得しようとする独占資本主義的な発想の結果生じるのである。資本主義社会は利己的で競合し合う国家の集合体として構成されているのである。それ故に、定義によればそれは闘争中の世界なのである。それに対してコミュニズム社会は利己的ではなく、調和のとれた集合体であり、それ故に定義によれば、闘争のない世界なのである。資本主義が戦争なしには生き残れないように、戦争がコミュニズム世界の中に生き残ることは不可能なのである』と述べたのである」。(注2)

（2）　Hamilton Fish Armstrong, *Tito and Goliath*, p. ix

人間の本性と行為について、これ以上にでたら目な論理を思いつくことは困難である。それどころか一度このような基本的な仮説が受け入れられると、この種の論理はもっともらしいものとしてさらに受け入れられてしまうのである。いずれにしてもこの理論は何百万という人を欺くのに十分なもっともらしさを備えはじめている。確かにこの何百万という人々の中には圧政の支配を直接受けていないが故に、その妥当性についての批判を自由に考えることのできる立場にある人も少なくはないのであろう。しかし人間のイノセントな状態へのこの幻想的な復位はきわめて強力なもので、われわれの知る限りでは、今日のコミュニズム的な独裁政治家たちは、あれほど残忍な行為をもって彼らの目的を遂行しているにもかかわらず、彼ら自身イノセントであることをなお信じ続ける可能性がある。思うに人間の自己欺瞞の力は際限のないものである。コミュニズム的専制君主たちは、彼らがイノセントであることを「定義によって」証明するところの公式理論に訴えて「この理論の」信奉者たちのみならず彼ら自身の良心にもその残忍性を認めさせているのである。

ジョン・アダムスはトーマス・ジェファソンへの忠告の中でこの種の政治について既に予想していたように思える。いずれにしてもアダムスは人間の状況について十分認識していたので、われわれが今日になってコミュニズムの中に見出すような欠点を批判するような考えを既に述べていたのである。すなわちアダムスはこう語っている。「権力は常にみずから偉大な魂と弱者の理解を超えた広大な視野を有する者と考え、またそれがすべて神の法を破っているようなとき神の奉仕をなしているのだと考える。われわれの情熱や野心、欲や愛、そして怒りなどは、かなりの形而上学的微妙さや抗しがたい雄弁さをもっていて、理性と良心にはいり込み、それらを自分の側に回心させてしまうほどである」。自己の理性を堕落させてしまうような情熱や野心についてのアダムスの理解は、自由主義であれ、マルクス主義者であれ、完全に利害から自由な私心のない自己が存在するという可能性を提示するどのような理論をも論駁する生の諸事実の単純な承認を示しているものである。アダムスは、すべてキリスト教的人間理解の前例にならって、マルクス主義的理論である理性における「イデオロギー的汚染」、つまり人間が相互の問題を理性的にとり扱おうとするとき、そして相互のよい点や利害関心や動機などについて結論に達するとき、その理性における「イデオロギー的汚染」があるというマルクス主義的理論にみごとに先行していたのであった。イデオロギーについてのマルクス主義的な論理の持っているアイロニーの最たるものは、愚かしくも自己正当化的に、「イデオロギー的汚染」の源泉を経済的な利害問題と特定の階級の問題とに限定してしまっていることにある。それ故にマルクス主義理論は、イノセントな状態のパラダイスにさえ不可避的な仕方で侵入するところの人間の野心や力のあらゆる腐敗という堕落を全く認めることができなかったのである。

いずれにしても、われわれはイノセントを装う自己欺瞞から生じている人類史上かつてないほどの常軌を逸した政治的不正義と残忍さとを生み出した、巨大な宗教的政治的運動を相手にしなければならないのである。

この驚異的な悪に対抗する自由主義世界は、アイロニックなことにも同じたぐいの自己欺瞞のややマイルドな形のそれで満ちみている。幸いにもわれわれはコミュニズムとは同じ種類の悪に陥ることはなかった。しかしその理由はわれわれがこの問題に対してそれほど一貫していなかったからであり、またわれわれが過度な権力をいわゆる「イノセントな者たち」にあけわたすことをしなかったからであるにすぎない。人間の本性についてのさまざまな幻想がアメリカ文化の中にも現れ出ているにもかかわらず、この国の政治機構の中にはカルヴィニストであったこの国の祖父たちが固持してきた権力の利己的な運用に対する防御策がさまざまな仕方で存在しているのである。この国のデモクラシーは、一般に受容されている見解によれば、人間のイノセントな本質や完全になり得る可能性についての確信に基づいており、そこではニュー・イングランドのキリスト教から出てきた人間の本性についての手放しの評価の留保はあまり役割を果たしていないのである。しかし幸いなことには、合衆国憲法の中には、ジョン・コットンが述べたような警告を支持するようなものが意外にも多く含まれていると言えるであろう。すなわちコットンは次のように述べている。「全世界はこの生身の人間に、われわれが与えてもよいと思う以上のいかなる権力をも与えてはならない。なぜなら人間はその権力を執拗なまでに行使しようとするからである。……その上偉大な言葉を語る自由を持っている人間は、その同じ自由を持って神の名を汚すような言葉を用いることさえできるからである」[注3]。

（3）Perry Miller, *The Puritans*, p. 213参照。ジェームズ・ブライスは、アメリカの憲法に生命を与えている哲学について次のように述べている。「アメリカの政府と憲法は、カルヴィニズムの神学とトーマス・ホッブスの哲学に基づくものであると人は言うが、少くとも、一七八七年の憲法ににじみ出ている人間理解の中には旺盛なピューリタニズムが存在しているということは真実である。その憲法は、原罪を信じ、それ故法を破る者に対してはそれを防ぐため閉めるべき扉は閉めておこうと決意した人びとの作物であった。……この憲法の目的は、善い政府を確保することによって偉大なる共通目的を達成しようとするよりは、悪い政府から生み出される悪のみならず、いかなる政府であれ、それが強大になり過ぎて、政府より先に存在する共同体や個々の市民の脅威となることから生じる悪をも回避しようとすることなのである」(James Bryce, *The American Commonwealth*, Vol. I, p. 306)。

ところでブランダイス判事は次のように述べてもいる。「一七八七年の議会によって権力の分離が採決された。それは効率を向上させるためではなく、権力の恣意的行使を阻止するためであった。すなわち軋轢を避けるためのものではなく、統治諸権力を各部門に配分することから生じる不可避的軋轢を利用して人民を独裁政治から救うためであった」("Brandeis dissenting, in Myers vs. United States", 272, U. S. 52, 293)。

2

しかし、そのようなアメリカ文化の中にあるキリスト教的リアリズム（Christian realism）がもつ批判的留保は、ロシアの自己欺瞞と同じような欺瞞、つまりわれわれは（伝統的理論によれば）地上でもっともイノセントな国民であるという欺瞞の事実を見過すことを不可能にする。今日のわれわれの状況がもつアイロニーは、（われわれが広大な世界規模での責任を果たそうとしてその中に含まれている立派なことを実行しようとする場合）、もしわれわれがイノセントであると装っているほどに真にイノセントであるとすれば、とても立派なことをしているとは言えない、ということの中に横たわっている。アメリカ建国初期の生活を形成したニュー・イングランドのカルヴィニズムとヴァージニアの理神論及びジェファソン主義という二つの大きな宗教的・道徳的な伝統が、われわれの国民性の特徴とその運命とが持っている意味についてきわめて酷似した結論に到達していることは、とりわけ注目にあたいする。カルヴィニズムは人間の本性についての著しく悲観的な見解を持っており、そして生の摂理的秩序づけというきわめて機械論的な見解をも持っていた。しかしカルヴィニズムのこれらの教説にアメリカでの経験の意味が加えられた時にアメリカの運命や徳についての解釈は、最終的にはきわめて理神論に接近するという帰結をもたらすことになったのである。アメリカの精神的な遺産の意味を、マサチューセッツによって知るにしても、ヴァージニアによって知るにしても、われわれが神によって人類の新しい開始のために用いられた「選び分かたれたる」国民として生まれてきたという自己理解という点においては、それほど違ってはいないのである。われわれはヨーロッパの封建制度が持っている悪を否認してきた。またわれわれはヨーロッパの宗教的不寛容から生じた悪から逃れてきた。そしてわれわれはヨーロッパの人口過密な土地ではなく、人々の欲求を満たすことのできる広い場所を見出すことができた。ニュー・イングランドではセオクラシー〔神政政治〕が主張され、まず新しいそして純粋な教会の創設こそがここでの「実験」と考えられ、他方ジェファソンとその仲間たちは、新しい政治的な共同体の建設をまず重要なことと考えた、というような違いはあるにしても、われわれの祖父たちは、われわれこそが神によって新しい人類として創造されるために召された者たちであるということを信じて疑わなかった。つまりわれわれは神によって召されたいわば「アメリカン・イスラエル」であった。それ故にわれわれはイノセントな姿を装うことによって、われわれの時代の文化を特徴付けている徳のある人間というあの概念をさらに高いレベルにまで引き上げようとしてきた。しかしわれわれはそのことによって幻想に巻き込まれ、さらに実際に経験している現実と理想との間のアイロニックな矛盾に巻き込まれることになったのである。われわれは実はコミュニストと同じであり、このようなわれわれの姿を誰かが批判するというようなことを考えても見ることができないでいたのである。すなわちわれわれはこの点でもコミュニストたちと同じ見解になってしまっているのであるが、この社会は本質的には徳の保持されている社会なのであり、このような社会のあり方に対してあえて批判的な攻撃をなす者があるとすればそれは悪意によるものだと信じ込んでしまっているのである。

徳についてのニュー・イングランド的な概念は、この地に建設されたわれわれの教会は他のどのキリスト教会よりも純粋であるという確信にその起源をもっている。そのような確信は、エドワード・ジョンソンの『シオンの救い主の奇跡を働く摂理』(一六五〇年)という本の中で、「イエス・キリストは人の子たちがいまだ見たことのなかったような仕方で、イエスの王としてのみ業を彼の教会、すなわちニュー・イングランドの教会に完全な仕方で示された」という言い方で表現されている。事実、ほとんどのピューリタンのトラクトにはプロテスタントの宗教改革はここ〔ニュー・イングランド〕で、究極的な頂点に到達したのだという確信が含まれている。そこでは教会の新しい純粋性《ピューリティ》こそが第一のことだという仕方で強調されているが、実際にはピューリタンたちもまた、ニュー・イングランドにおける新しい完璧な社会の建設ということを夢に描いていたのである。ジョンソンはさらにニュー・イングランドとは「主が新しい天と地、また新しい教会と共和制とを創造したもうであろう」場所であるとも述べている。それからさらに一世紀の後になってイェール大学の学長スタイルズは「アメリカ合衆国は栄光と栄誉とを向上させる」という説教の中で、彼は合衆国を「神のアメリカン・イスラエル」と定義したのであった。

ジェファソンによるこの新しい国家におけるイノセンシーな徳についての見解は、ニュー・イングランドのトラクトにあるような聖書的なシンボルを含んではいなかった。彼の宗教的な立場は、フランス啓蒙主義の合理主義を経過したキリスト教のひとつの形態であった。彼の摂理についての認識は、歴史の移り変わりを越えた「自然の神」の力への彼の確信の中に表現されている。いずれにしてもこの自然の神はアメリカにおける新しい共同体の建設において特別な目的を持っていたわけである。その目的とは、この堕落した世界に新しい始まりを作り出すということである。アメリカについての二つの事実がジェファソン主義者に影響を与えた。そのひとつはアメリカは専制政治との関係を断ち切ったということ、もうひとつは、アメリカ大陸には広範な経済的機会があるということが、過度に密集したヨーロッパ大陸の社会生活を特徴付けている社会悪の発生を食い止めることができるだろうという確信であった。

ジェファソンは次のような確信をいだいた。つまりアメリカ精神はヨーロッパ精神を堕落させたような偏見から自由になり得たのであり、ヨーロッパは数世紀かかってもこのような精神を持ち得ることはできないという確信である。それ故にジェファソンは次のように述べることができたのである。「たとえヨーロッパの全君主が、彼らが今なしていることに逆行して、民衆の抱いている無知と偏見から解放させようとしたとしても、この国の民衆が今なおそうとしているような高い次元にまで達するには、千年でも間に合わないであろう(注4)」。

(4) *Writings* II, p. 249

歴史における「新しい開始」に関するこのような幻想の興味深いところは、その幻想はそれが装っているほどには新しいものではないということなのであり、さらにこの幻想が新しいものであったとしても、それが新しいものとしての純粋性をすぐに失ってしまうということである。ジェファソンはアメリカのデモクラシーとヨーロッパの専制政治との相違を絶対的なものと考えていた。それ故に彼はヨーロッパ諸国について述べ、次のような断定的な文章を書いたのである。「ヨーロッパの諸政府は、統治という名のもとに、その国民を狼と羊という階級に分けてしまった。私はヨーロッパの諸政府に対して、また貧者の利益を搾取している富者に対して、とてもきびしさを和げた言葉を用いることはできない(注5)」。このような判断は、封建社会の崩壊期における政治的な正義についての判断としてなら理解することが可能である。しかしウィリアムとメアリとを一六八九年にイギリスの王位につけるという決定の中に含まれているデモクラシーへの潜在諸力に対する判断としては公平なものとは言えなかった。さらに言えばこの判断は、アメリカのその後のさまざまな判断をひき起こし、そしてその原形となった。しかしこの判断は、ヨーロッパにおけるデモクラシーの正義の発展、とりわけそのことが君主制の問題にこだわらずに発展して行ったことをはっきり見ることを妨げてきたのであった。というのは君主政治はアメリカ人のイメージの中では単純に不正義のシンボルだからである。

（5）　*Writings* VI, p. 58.

ジェファソン主義者の詩人フレナウは、アメリカが専制政治の伝統から手を切ったことの意義についての詩を書く際に、正統的な信仰を拒否したにもかかわらず、聖書的なシンボルを用いている。彼は既にニュー・ジャージー大学の学生であったころに、その信仰に次のように詩的表現を与えた。

「ここに独立の力が堅く保持され、
公共の徳は国を愛する者たちの胸を熱くする。
あの専制政治の記憶はもはやここにはなく、

世界のための法と規律とが定められた。
今ここにおいてこそはじめて定められたのだ。
天から下る新しいエルサレムは、
われわれのこの喜びの地にこそ神の恩寵を映し出す」。

ジェファソンは啓蒙主義思想と同様に、われわれが持っている優れた徳の原因を、ある時にはわれわれが伝統的な偏見から解放された理性的自由（rational freedom）の中に見出し、またある時はアメリカ大陸の社会的な好条件に帰していた。ジェファソンは次のように述べている。「アメリカ合衆国建国以前には、旧世界における小地域に密集し、そのような状況が生み出す悪に巻き込まれた人間以外歴史的には何も知られていなかったのである。アメリカ諸州の人間にとって、政府というのはそのような旧世界に住む人々とは別な意味を持つのである。ここではすべての人が自分で耕作する土地をもつことができる、また他の業種で働くことを望むこともでき、それによって快適な生活を営み、年老いて働けなくなった時に貯えることもできるのである」。(注6)

（6） *Writings* XIII, p. 401（Letter to John Adams on natural aristocracy.）

このような比類のないイノセンシーの幻想は、決してアメリカ建国の初期に限定されるものではない。ド・トクヴィルはアメリカのフロンティア時代におけるこのような幻想に常に気づかされていた。彼は次のように書いている。「私がアメリカ人にあなたの住んでいる国はすばらしいと言えば、彼らはこう答える。その通りです。世界にわれわれに匹敵する国はありません。私がアメリカ人が持っている自由について賞賛すると、彼は『自由はすばらしいものですが、他の国のそれはどれも自由には値しません』と答えるのである。もし私がアメリカ独特の道徳の純粋さを指摘すると、『他の国に広まっている腐敗を見て来た人は、ここでその違いの大きさに驚かれるでしょう』と答える。それで私は最後には彼みずから思うままにしておく。すると今度は彼は積極的な攻勢に転じて、私がこれまで述べてきた賞賛をもう一度繰り返して語るまではその手をゆるめてくれなくなる。これ以上に厄介多弁な愛国心は他におよそ考えられないものである」(注7)。

（7） De Toqueville, *American Democracy*, Vol. II, p. 225.

確かにすべての国はいずれもそれぞれに固有の精神的な虚栄を持っている。アメリカ人の自己評価だけではなくて、多かれ少なかれ他の国もそのようなものを持っているのである。しかしいずれの国にもプライドについての独特の傾向がある。アメリカにおけるプライドの傾向は、ヨーロッパにおける悪徳に背を向け、そして新しく始められた国だということである。

ジェファソン主義者の主張する徳についての概念は、もしそれがアメリカ社会のイノセンシーを誇張し過ぎていないと言えるようなものであるならば、それはアメリカ社会の歴史がヨーロッパのそれとは違ったいくつかの面を預言的に言っただけだとして許されるものかも知れない。なぜなら経済的に恵まれていたためにアメリカで生じた階級構造の流動化は、この国に、ヨーロッパのような激しい階級闘争を生じさせずに、階級間の争いを避けさせることになったことを否定することはできないであろうし、それがマルクスがヨーロッパでは階級的な争いを先導することができたが、アメリカでは不可能だったことの理由でもあろう。フロンティアがもはやその活動の場を広げることができなくなった時には、この国のすぐれた技術が、また野心家たちが冒険家たちに新しいフロンティアの場を提供したのであった。そのような意味ではアメリカの豊さが、人間の本性についてのジェファソン主義的な幻想を持続するのに役立ってきたということになるのである。と言うのはわれわれはこれまでは、この国のあらゆる問題の解決を、経済の拡大によってなそうとしてきたからである。しかしこの拡大を永久に続けることはできないし、いつかはわれわれも、ヨーロッパの賢明な国々が用いてきたのとそれほど違わない方法で、社会正義という困難な問題に直面しなければならないのである。（注8）

（8）トーマス・ハックスレーがアメリカを訪問した時に、次のような重大な予言的発言をした。「私がひとりのイギリス人としてはじめてアメリカに行った時、何百マイルもの旅をしながら、次から次へと続く秩序づけられた大きな都市を見、豊富な商品の流通を目撃し、その豊かな富がどのように用いられているのかを見た時、将来への希望を感じ、また言葉にはできない崇高なものを感じたのである。一般に国家的プライドということによって理解されていることにわたしがおもねっていると考えないで頂きたい。わたしは、アメリカの力が巨大であり、物質的資源が豊かであっても、それらにはいささかも感銘を受けることはなかった。巨大さと偉大さは異なるのであり、国土が国家をつくるのでもない。真の崇高さにつきまとう、また差し迫る宿命の恐れにもつきまとう大きな問題とは、すべてこれらのことについて何をしようとしているかということである。何が目的であるべきか、それにこれらが手段となるか、ということである。あなたがたは世界がこれまで見たことがない最大のスケールの政治上の新しい実験をなしつつある。この国の人口は、最初の一世紀の間は四千万人に過ぎなかったが、次の世紀の間には二億人の英語を話す人びとが、ヨーロッパほどの大きさをもつ領域に、しかもスペインからスカンディナビア、イングランドからロシアまでのような多様な気候風土や利害関係をもちながらも、アメリカ諸州に広がって行くようになると期待することは十分理由あることであろう。子孫たちは、この巨大な集まりが共和国の形態のもとに、また普通選挙という圧倒的現実のもとに、この統一を保ち続けられるのかどうか、また諸州の州権が、国を分裂させることなく、同時に中央集権に抗して維持され得るかどうか、さらに中央集権が事実上のあるいは偽装された君主制におちいることなく、よくやっていけるのかどうか、またくり返す政治腐敗を起こすことは不変の官僚主義よりもましなのかどうか、さらにアメリカの人口が大都市に集中し、貧困層が生じ、救済を必要とする人々が出始めることによって、コミュニズムや社会主義の声が聞かれるようになった場合にアメリカはどうするのか、そういった事柄を確かめる必要がある。しかしアメリカはまさにこの目の前に偉大な将来を持つ国である。アメリカはその苦労が偉大であり、その不安において偉大であり、その責任において偉大なのである。もしアメリカが真の知恵と正義とによって導かれるならば、この国は真に偉大であり、失敗したとしても、その不名誉において偉大なのである」（Thomas H.Huxley, *American Addresses*, New York D. Appleton and Co., 1877, p.125f.）。

機会が広く与えられているかぎり人間は相互にぶつかり合うことはないであろうという考え方は、どんな人間の欲望も限界を持っており、またどんな人間の野心にもある種の秩序観が備わっているものだという前提に基づいている。このような仮説はフランスの啓蒙主義思想のものだが、それのみならず、われわれの国のジェファソン主義者の主張でもある。トム・ペインはこう述べている。「人はみなその仕事をなし、その労働の成果や土地や財産から生じる果実を受け、平穏、安全に、そして最小限の出費をもって暮らすことを願っている。これらのことがすべて達成されるときはじめて、政府がそのために設立されたすべての目的が全うされたことになるのである」（注9）。同じ考え方は、マルクス主義の「欠乏の経済」（economy of scarcity）と「裕福な経済」（economy of abundance）との違いについての考え方の中にも存在している。「裕福な経済」の中には、おそらく競争は存在しないであろうと仮定されている。しかしジェファソン主義者のみならずマルクス主義者も、人間の欲望とは、その欲望を満たすための手段とともに増大するものであり、それ故に「裕福さ」のどの水準においても権力と虚栄心との絶え間ない争いが生じ得るものであるということをほとんど理解してない。

(9) Thomas Paine, *The Rights of Man*, Part II, Ch. 4

ジェファソンの考えの中にたったひとつだけ存在するリアリズムが、彼の描き出したアメリカ的イノセントな状態の牧歌的な風景を貫いている。それは彼が都市社会よりも農村社会を好んだということである。ジェファソンはアメリカが農業国家である限りにおいてのみ、アメリカの将来の徳に確信をいだくことができたのであった。組織化が進んだ社会構造においては社会的な緊張が生じること、そしてまた人間が人間に服従するという状況が生じることをジェファソンは恐れており、彼はそのようなものではない理想的な社会として、独立自営農民からなり、人間はそれぞれの土地を耕作し、その労働の果実を受けるというような社会を考えていた。それ故にジェファソンは「依存は従属を生み、徳の芽を枯らせる。そして野心家の目的にかなう道具を生み出す」(注10)と言い、農民の生活を高く評価したのであった。

(10) *Writings* II, p. 229. ジェファソンは「もし神が選んだ民があるとしたら、それは地に汗する人のことだ」と述べている。

より大規模な工業化へ向かうアメリカの歴史経過とデモクラシーは農村経済を基盤としたところにおいてのみ保証されるというジェファソンの確信とのコントラストの中に、特別のアイロニーが存在する。アメリカはジェファソンがもっとも恐れた姿になってしまったのである。しかし道徳次元での帰結は、彼が予想したほど破滅的なものとはならなかった。確かにデモクラシーは、大都市以外の地域よりも大都市の政治生活においてより悪質な腐敗によって汚染される。しかしそれにもかかわらず、われわれは権力の均衡や社会における諸勢力の闘争を調停することで、産業界における集団諸関係の中で可能な限りの正義を確立してもきたのである。労働運動の高まりはこの結果を達成した点で特に重要な意味を持っている。というのは労働者の力を組織化することは、経済力の過度な集中に対する対抗力を生じさせるものとして必要なものであり、それは正義の要請なのである。ここでわれわれは正義のため、まさしく団体行動に参与してきたわけであるが、それはジェファソンが正義とは全く合致しないと考えたものであった。

ジェファソン主義者が抱いているアメリカに対する希望や恐れと具体的な現実の姿との間のアイロニックなコントラストは、初期と後期のジェファソン主義者のイデオロギー的な戦略の変化によって増大することになった。初期のジェファソン主義が考えたことは、各州に対して連邦政府の権力が増大することを抑止することと、経済生活に対する政治的な統制を州政府に限定しようということであって、そのことによって政治的な権力が増大しないようにするというものであった。ジェファソン主義者が恐れたことは、特権を持っている者たちの経済力がこのような〔政治的〕権力と結びつくことであり、そしてそれがより弱い者たちに対して行使されるということであった。〔ところが〕後に強大な経済力を手に入れた人たちが、最小の政府こそが最良の政府であるというジェファソン主義的な原理を採用したのである。他国の健全なデモクラシーと同様にアメリカのデモクラシーは、政治権力のさらに平等な配分を経済生活における権力の集中に向から傾向に対する挺子として用いるということを学んだ。「ニュー・ディール政策」においてその頂点に達するのだが、農民、労働者、そして中産階級との協力を基盤とした連邦政府は、州の権力を用いて、住宅問題、社会保障、健康保険などの、いわゆる「福祉政策」の最低基準を設けたのである。高額所得者たちは、当然のことながら、このような「福祉国家」政策の支持者たちよりも、正義の最低基準から利益を受けることは少なく、それどころか比較的高い負担を迫られることになった。だからこそ高所得者たちは、このような傾向に対抗しようとジェファソン主義のイデオロギーを利用したのであった。しかし他方でジェファソンのもともとの関心事であった平等ということに固執してきた社会階級は、経済活動における完全な自由が平等を生み出すということにジェファソンほど確信を抱くことができなくなり、ジェファソン主義的なイデオロギーを捨ててしまったのである。

このような発展の中で生じたことは、非特権階級は社会生活における権力の真実をリアリスティックな視点から評価するようになるということであり、他方特権階級は古典的な自由主義の幻想をいだきつづけて、権力は人間の社会的な生活において、それほど重要なものではないという主張を保持しようとすることであった。特権階級は利害の力を認めているが、同時に利害をめぐる争いは政治的あるいは道徳的な規制なしにも正義に向っていくと考えているのである。そのようなことは利害関係にある人々の持つ力が、ほとんど平等である場合にのみ成り立つ仮定であり、現実はそうなってはいないのである。

アメリカはひとつのブルジョア社会として発展した国だが、そのエートス形成の中に古い封建文化の名残りをとどめているだけであって、自然的に人間共同体における権力の要素を無視する傾向つまり利害と合理性を同一視するというブルジョア的イデオロギーへと傾く傾向をもっている。

このような社会は、自己の利益それ自体は本質的には無害であると確信しているので、あらゆる社会関係は本質的にはイノセントなものだと考えているのである。このような見方はマルクス主義と共通して、人間の諸動機の中にひそむ権力欲を見逃しているし、そしてまた共同体の中に存在する権力の不均衡から生じる不正義をも見逃しているのである。ブルジョア・イデオロギーもマルクス主義も自己利益を経済的動機と同一視している。ブルジョア世界は人間の経済的な欲求は本質的に秩序あるものだと見なしているか、または（功利主義者たちが考えているように）相互に賢明さをもって抑制し合うか、あるいは（古典的自由主義者が考えるように）他者の自己利益から来る圧力によって抑制されるということを願っている。他方でマルクス主義は、産業社会の権力の不均衡と経済行動の無秩序の故に、ブルジョア社会はますます不正義な社会となり、ますます社会闘争が激しくなるのだと信じている。

このようにしてコミュニズムとブルジョア社会との間の闘争は、両者の立場のそれぞれの同盟国の間の覇権を掌握している二つの大国の相互間に特殊な憎悪感を生じさせることになったのである。なぜならコミュニズムの視点からすればアメリカは資本主義的な不正義の最悪の例であるが、そのアメリカ自身の視点からすれば、アメリカにおけるその制度は純粋なイノセンシーの象徴なのである。このアイロニックな状況はアメリカと同盟関係にあるどの自由国家も、アメリカの伝統的な理念が認めている以上に経済生活を政治的なコントロールのもとにおきたいと考えていることによってより明らかになってきている。こうしてわれわれとわれわれの同盟国との間には道徳的な誤解が生じているのである。それはわれわれとわれわれの敵との矛盾した関係をよりマイルドな形態で再現しているようなものである。われわれの社会の中のある階級、すなわち政治的な権力のみが危険であると主張する階級は、アメリカの同盟国がアメリカの敵国の腐敗と同じような腐敗に汚染されてしまっていることをしばしば申し述べている。他方、ヨーロッパの諸国は逆に、この国の伝統的な理論に基づいてしばしばわれわれを裁こうとするのである。これらの国々の人々が認めることができないでいるのは、アメリカが社会正義という側面において具体的に達成し得たものは、権力の問題をプラグマティックな仕方でとり組んだ結果得られたものであり、それは正義と権力の問題についての首尾一貫したスペキュレーションを欠いたからといって必らずしも有効性をもたないとは言えないアプローチであったということを認めようとしないのである。この分野においてアメリカが到達した位置は、ビジネス界の支配者たちの理論や、いまどきなお「科学的」であるとか、客観的である正義を探求しようとしている社会科学者たちの考えに抗して、常識的なものが勝利したのだということを意味している。要するに敵であれ、同盟者であれ、われわれを批判する人たちが考えている以上に、この国はよくやっているのである。なぜならこの国は、わが理論が想定するほどにはこの国がイノセントな状態ではないということを知っているからである。人間的な諸問題における利己的な関心がもつ力と危険は、あまりにも明瞭なものであり、理論や自己利益によって目がくらまされて明らかな事実を認識できないような人でない限りは、当然認識し得るものである。また権力と利己心の関係や権力と正義との関係も同じことである。われわれはこの国固有のイノセンシーという初期の夢についてわれわれが知っている程にそれを真剣に受け止めなかったがために、この国内の諸問題においては、われわれが考えていた以上にうまくやってきたということなのである。

3

国内政策よりも、われわれの外交政策においては、アメリカのイノセンシーという初期の幻想と今日の現実との間の矛盾は顕著なものとして現れ出ている。アメリカはこの一世紀にわたって、外交関係においては、ただイノセンシーの幻想の中でだけそういった現実の中に生きていた。初期のころはわれわれは力を欠いていたので、力を用いることで罪をおかすということはなかった。資源の豊富なこの大陸が、経済にもたらした帰結、われわれの経済による「アメリカの」全国的な結合、ビジネスとか工業とかの企業の技術的能率向上などを通し徐々に力をつけてくるにしたがって、われわれはしばらくの間は「そのようにして増大してきた」力に求められる責任を回避することによってわれわれのイノセンシーを保持しようとしてきた。もちろん、アメリカは、子供がイノセンシーのシンボルとして用いられるにもかかわらず実はそれほどイノセントではないのと同じように、われわれがそう装っていたほどにイノセントなものではなかった。われわれの道に立ちふさがるいかなる主権にも対抗して、オレゴン、カルフォルニア、フロリダ、テキサスに対する権利を主張し大陸全体に拡張したわれわれの幼児期の力は、イノセントなものではなかったのである。これこそ、新しい共同体〔アメリカ〕の権力意志のあらわれであって、それは勇敢な開拓者や移民たちのあくなき土地渇望から出てきた帝国主義的拡張力の具現であった。その際政府機関は、それが政治的であったとしても、軍事的であったとしても、結局は二次的な役割を持っていたに過ぎなかったのである。ごく初期から今日まで、われわれにとって権力の問題というのは、公の機関ということよりもむしろ隠された機関に依存してきたので、われわれはしばしば、ばか正直にもさまざまな面でだまされてきたのである。このような商業社会が権力に関する錯覚を生み出してきたもっとも大きなの原因のひとつは、経済的な力が、政治的あるいは軍事的な力とくらべて、より隠蔽された仕方で存在しているからである。

第一次大戦の勃発までわれわれが信じていたことは、われわれと他の世界の国々とは違っているということである。このことは、他国が権力争いをしていることに対し、われわれが与えられたものに満足しているという違いによって証明されると考えられてきた。第一次世界大戦は「デモクラシーのため世界を安全ならしめる」ための十字軍的な戦いであるという解釈を最後になってうちたてた同じアメリカ合衆国大統領が、この戦争勃発の最初の一報に接して、この戦争は、われわれが真剣に取り上げる必要がない貿易紛争にすぎないのだというあまい判断を下していたのである。ということは、われわれは国家的利害のバランスを考えて行く中で、戦争へと引き込まれて行ったということなのである。そのことはわれわれ自身自からに対してあえて告白するまでもないことだった。しかしもしヨーロッパの批評家たちが、「デモクラシーのため世界を安全ならしめる」というスローガンは、われわれがイギリスから受け継いだ道徳的な決まり文句を偽善ぶらないで繰り返しただけだと言うならば、それは的外れだと言うべきである。なぜなら明らかなことはどのような国であっても国家的な利害が危機に瀕しているということが明らかにされない限り参戦することを拒否するのであるし、国家的な利害を越えるものがこの戦いにはかかっているのだということを明らかにすることによってのみ戦争を継続し得るという道徳的なパラドクスの中に置かれているからである。われわれの国家は偽善の罪にさそわれない唯一の人類共同体だということはない。どのような国家も、たとい集団的利己心の力が強大であるが故に国家政策はそれに基づかざるを得ないものだとしても、それにもかかわらず鋭敏な良心は個々人の道徳的義務がその属する特定の共同体を超越するものであることを認めざるを得ない、という事実を考慮せねばならないのである。それ故に次のように言うことができるであろう。共同体への忠誠は、その忠誠がもし〔特定の〕共同体の価値を越えるより大きな価値を保持しているものである場合においてのみ、道徳的に容認され得るものとなるということである。

第一次世界大戦におけるわれわれの行動や解釈よりも重要なことは、終戦後のアメリカのムードである。この国の「リアリストたち」は、生まれ出ようとしている世界共同体へのわれわれの責任意識が、自己利益をめぐる賢明さの基準を越えていたことを恐れたのであった。三〇年代のリアリストたちは、中立を保つことによってアメリカのイノセンスを保持しようとしたのである。孤立主義の主たる勢力は「アメリカ第一」(America First)というスローガンからも明らかなように、「リアリスト」から出たものである。しかし潜在的世界共同体を顕在化し、アメリカの力を他の国よりも増大させつつあった歴史の諸力を拒もうと努力したのは、キリスト教的であれ世俗的であれ平和主義的なリアリストたちであり、そしてこの国のイノセンシーを保存しようとしたその他の幻想家たちであったが、その企ては失敗に終わった。彼らはすべて、権力というものは、たとい権力自体を世界一般の基準に従わせようとしても、また生まれ出ようとしている世界共同体のコントロールのもとに置こうとしても、結局は利害関係を越えることはできないので、権力を罪なしには行使できないという事実についてほのかなうす暗い理解をもっていた。〔しかし〕彼らは、権力に関する責任を拒否することが個々人や国家をさらに悲惨な罪へと落とし入れることになるということを理解していなかったのである。

われわれの同盟者に対するわれわれの責任を拒否する二つの道が存在していた。そのひとつは帝国主義の道であり、それは権力を行使することで同盟者を支配しようとするものである。もうひとつは孤立主義の道で、同盟者に対する責任を回避しようとするものである。わが国の地理的な状況とわが国が若い国家であるという神話が、前者の立場よりも、後者の立場の誘惑へとわれわれを導く。このことがアメリカの国家的な営みにユニークな特色を追加することになったのであるが、そのことが道徳的には必らずしも不利であったとは言いがたい。自らがこの世界で得た地位を受け入れることに際して、われわれの国以上にためらいをもってそれをした強国というのはこれまでの歴史の中にはなかったであろう。われわれの持っている道徳的利点とは、権力を獲得するときは常に権力のプライドがつきまとうものだが、われわれの場合権力を短期間にもつようになったにもかかわらず権力への強欲なるものはもっていなかったという事実である。われわれが権力欲を欠いているために、われわれに対する敵の攻撃は何か的外れなものになってしまうのである。しかし他方では、われわれはわれわれの持っているイノセンシーという概念に欺かれているとによって、われわれに今まさに迫まっている権力欲の誘惑に対処する準備が出来ていないのである。

第二次世界大戦は、この国のリアリストとアイデアリストたちの幻想を急激に吹きとばしてしまった。また法律主義者（legalist）たちが考える厳格な中立法を制定すればわが国を世界共同体の中心へと持ち上げようとする歴史の動向を抑止できるというような希望が実は空しいものであったということを証明することになったのである。われわれアメリカは、この戦争で地上最大の強国として登場したのであった。わが国に対して友好的なものたちも批判的なものたちも驚いたことは、われわれが、二つの世界大戦の間の長い休戦の間に、われわれの特徴とも言える、〔世界に対する〕無責任な傾向を脱皮してしまったように見えたということである。つまりアメリカは自らの責任をもって権力を行使しようという決心をさせられたわけである。

この権力の行使は、原子爆弾などの大量破壊兵器を保持、発展させることによって、コミュニズムがヨーロッパを手中に治めるのをアメリカが阻止することを要求した。こうして「イノセント」な国家の歴史は、最終的にその歴史におけるもっともアイロニックなクライマックスに至ったのである。つまりアメリカ自身が物理的戦争の道徳的な曖昧性（ambiguity）をもっともよく体現し象徴する究極的な武器の管理者となった。それ故にわれわれは原子爆弾の使用の可能性を否定することができなくなった。ひとつには危機に直面した国家が自からの存続をその武器の使用によってのみ保証される場合、道徳的に言ってその武器を廃絶することは不可能だからである。およそ国家であるなら、個人とは違って、道徳的に不明確な生き残りを選ぶよりは崇高な死を選ぶというような決断をすることはできないのである。しかしまたわれわれが原子爆弾を放棄することはできないのは、わが国の同盟国の自由と生存が、原子爆弾を使用するかもしれないという威嚇に依存しているからなのである。それは少なくともウィンストン・チャーチルやその他のヨーロッパの〈首脳陣が〉われわれに保証したことなのである。それにもかかわらず、もしわれわれが原子爆弾を使用することになるとすれば、われわれはわれわれ自身が大変な罪を身に帯びることになるであろう。もし原子爆弾が使用されたなら、われわれはそういう世界には生きていない方がましだと思うような世界の中で生き残らねばならなくなるであろう。こうして全人類の動向がその中に巻き込まれている道徳的な窮地は、正義と不正義との区別は容易なものだとこれまで考え、自分たちはイノセントだと信じてきた〈アメリカという〉ひとつの文明、ひとつの国家において、決定的なレベルにまで達することになった。つまりこのようにして、人間の歴史においてここまできた道徳的な窮地の勢いは、ついに罪や罪を犯すことを知らないでいた〈イノセントな〉文明に追いつき、この文明のもっとも完璧な果実と思われた〈アメリカ〉という国家にも迫ろうとしているのである。

この中には、他のアメリカ史におけるアイロニックな事情と同じように、このアイロニックな矛盾を強調するための脚注が付されている。その脚注とは、わが国の権力の強大さが、一方で産業界を確固たるものとして確立した技術の効率化によるものであり、他方では自然科学者たちの成功によるものだという事実によって付けられたものである。そしてしかも、科学や企業は人間の歴史における権力《パワー》や情熱《パッション》に対する理性の勝利を証明するものだと考えられているということである。

人生と歴史におけるあらゆる矛盾は解決され得るものだと確信しているこの文明は、自らの当然の責任として、われわれがわれわれ自身の中に見出している悲劇的なジレンマを克服するために奮闘努力をせねばならなかった。このような努力は二つのカテゴリーに分けられる。すなわちアイデアリズムとリアリズムである。アイデアリズムは、もしわれわれが充分に合理的に、そして道徳的な努力をするならば、すなわち具体的には世界政府を確立しようとするならば、悲劇的なジレンマを回避できると信じているのである。しかし不幸なことであるが、地球規模の共同体完成の必然性は、政治的にはその可能性を保証するものではない。このようにアイデアリストたちのすべての議論は、結局のところ、達成の可能性をその必要性から導出する論理に依存している。他のアイデアリストたちは原子爆弾の使用の放棄がわれわれをジレンマから解放してくれると確信している。しかしこれは平和主義者たちによって既になされている戦争それ自体のジレンマからの逃避にすぎない。

他方リアリストたちは、善なる大義は、あらゆる武器を神聖化すると主張する傾向がある。現実主義者たちは、たとえばコミュニズムの悪の巨大さは、それに対してどのような武器を使用することをも正当化され得るものだと確信しているのである。しかしそれによって、彼ら自身がコミュニズムのもつ冷酷さすれすれまで接近するのである。われわれが置かれている道徳的なジレンマから逃避しようとする二つの道がいずれも適切さを欠いているということは、人生のもつ究極的な道徳の問題に対しては純粋に道徳的な解決は存在しないのだということを提示しているのである。しかしそうかといって道徳的な要因を無視したところで、この問題についてのいかなる有効な解決も存在しないのである。人間と国家は、権力を正義の道具として、また自分自身のそれよりもより大きな利益に仕える奉仕者として用いなければならない。人間も国家も力を行使すべく備えていなければならない。その場合たとい特定の国家あるいは個人のもつ力が強い宗教的社会的承認を受けているとしても、それが用いられるとき、その正当性を保証する価値とその力を行使する者の利害との間に完全な一致は決して存在しないということを自覚しながら、それでもなお力を行使すべく備えていなければならないのである。

われわれのような国家の困難は、大量破壊兵器を用いての戦争という究極的なジレンマにぶつかるはるか前からあきらかな困難であり、それは本質的に目に見える仕方よりも目に見えない仕方のいろいろな形の力によって世界共同体の中に現在の位置をもつに至ったということから生じているのである。あるいはむしろこうであろう。われわれが行使する直接的な軍事力が、国内の豊かな資源と技術的な革新によって生じた経済力に実質的には依存しているということである。われわれは人間の社会的な存在としての要求やそれへの反対要求という問題に関してはほとんど経験を持ち合わせていないのである。それは国内においても、また国際的にもそうであった。それ故にわれわれは、社会的存在とは生と生との間の闘争や、道徳的な要因と非道徳的な要因とが奇妙な仕方で絡み合っている利害闘争であることを知らないのである。それ故にわれわれの外交政策は、とりわけ、経済的な援助の手を差しのべることでわれわれへの敵意をのりこえようという経済界が考える外交政策から純粋に軍事力を行使することによって抵抗を抑圧しようとする方向へと首尾一貫しない仕方で振れる。われわれは、経済的な相互利益についての巧みな論理であろうと、純粋な権力の提示であろうと、そのような政策の意味を理解することはできる。しかしわれわれが理解できないのは、人間の行為の動機の複雑さであり、国家政策に関わりまた政治的な結集力の基盤となる民族的な忠誠心、文化的な伝統、社会的な希望、妬み、恐怖といったものである。

アジアとのわれわれの関係においてこのような不可解さはとくに当惑させられる。われわれがアジアに与えた援助の故に、われわれは感謝されるものと予想している。またわれわれはアジアの人々が、われわれの繁栄を尊ぶよりはそれを妬み、われわれは「定義によれば」帝国主義国家ではないのに、アジアの人々がわれわれを帝国主義国家だと見ている、そういうことを知って、憤慨するのである。

国家というものは、赦すという精神を容易にもてない。その精神はすべての人間関係を調和させる究極の潤滑油であり、またそれはわれわれの行為や態度が敵だけでなく友人からもわれわれの意味とちがう別の光のもとで解釈されることは避けがたいということを謙虚に受けとめる承認に基礎をもつものだからである。それにもかかわらず、人類の集団的関係においてもこの赦しの精神をある程度獲得することは必要なことである。個人と同様に、国家がもし自らを全くイノセントなものだと主張するならば、人間的接触においてそれは我慢ならぬものとなる。世界全体はコミュニズムの指導者たちの主張に苦しめられている。われわれの自己欺瞞は、彼らほどに首尾一貫しておらず、その点で彼らの自己欺瞞とはちがった種類のものである。いずれにせよわれわれは自由体制を維持してきた。それによって彼らの方が挑戦を受けるであろう。それにもかかわらずわがアメリカは、巨大な責任を負わねばならなくなっており、この国の初期時代の経験やイデオロギーから生じるいくつもの幻想を克服して行かねばならない。もしそれができないならば、われわれは、避けることのできない罪を引き受けねばならないという責任から逃避するか、徳への信頼のあまり、避けることができたかもしれない罪をおかすことになってしまうであろう。

第三章　幸福、繁栄、そして徳

アメリカの独立宣言は、「幸福の追求」こそが人類の「譲ることのできない権利」であることを保証している。もちろんこの権利を追求することが保証されているということは、達成の可能性をも保証するものではないが、それにもかかわらず独立宣言を基礎付けている哲学は、すべての人間が、少なくともすべてのアメリカの人々が、幸福を追求する権利を持っているだけではなく、それが達成可能であることをも約束しているのである。確かにアメリカは、自己評価においてもかなりのヨーロッパの国々の想像においても、啓蒙主義において頂点に達した近代の希望の妥当性の証明であった。この希望というのは、地上を悲劇的な場所から幸福に満ち足りた楽園に改革することができるというものであった。このような希望を生み出した哲学は、安楽な暮らしや安全や充足を脅かす自然の脅威を撲滅し、生活上の特権が公平に分配されるように変革された社会をめざしたのである。この希望に含まれている正義の要求は、人間の安楽な生活や安全を脅かす自然の脅威を克服するという野心よりももっと高次な道徳的秩序に属するものであった。明らかに、人類の残酷さや不正義から生じるような痛みや悲しみに関心を持つということの方が、自らのための物質的な快楽を求めることよりも、より高貴なことである。それにもかかわらずそれは、すべての文明の成果であり、とりわけ近代の技術文明の成果であって、文明は人間の幸福を阻止する自然の障害をだんだん取り除いて行って、人間は最後に必然的に死んで行くということだけが残るまでに、安楽や安全を人間の生活に与えるようになるのである。

アメリカでの実験で頂点に達した近代文化の「此岸性」の強調は、二世紀の『クレメンスの手紙』に次のように書かれているようなキリスト教の「彼岸性」に深く対抗することを正当化するものであった。すなわち『クレメンスの手紙』によれば「現世と来世とは互いに敵対するものであり、……われわれはそれ故にこの二つに兼ね仕えることはできないのである。一方と決別し、他方と交わりをもたねばならない」のである。

近代の世俗的な考えに対立して、人間の歴史的存在に対する徹底した蔑視を主張することは、実はキリスト教の真髄を表現していると言うことはできない。キリスト教は東洋の宗教とは違って、歴史における生の善性と意義とを強調することで、西洋における歴史のダイナミズムの基礎となったのである。理想を言えば、キリスト教の信仰というのは、「狂信性なき十分なる彼岸性と俗物性なき十分なる此岸性」[注1]のバランスを目指しているのである。

（1） Fridrich von Hügel, *Eternal Life*, p. 255.

しかしこのようなキリスト教信仰における彼岸性と此岸性との理想的なバランスであれ、それともルネッサンスや啓蒙主義に挑戦された敗北主義的に歪曲された形であれ、それは不可避的に、伝統的にして不正なる政治制度の崩壊や科学による自然の征服というめざましい成功は、人間の幸福に対するあらゆる障害が次第に排除されて行くであろうという希望を生み出してきたのである。プリーストリーはこう述べている。「自然は物質のみならず法則をも包含しているが、この自然はますますわれわれの支配に服して行くであろう。それ故に人間はこの世界における自らの状況を、より一層安全で快適なものとするであろう。……それ故にこの世のはじまりがたとえどのようなものであったとしても、その終わりにおいては、今日のわれわれが想像することができないほどに燦《さん》然と輝くパラダイス的なものになっているにちがいない」。

過去の数世紀における希望はすべてが失望に終わったというわけではない。しかし科学の時代が生み出した地球規模での原子爆弾による対立のアイロニー、そして二つの「科学的な」政治の形態の間での生死をかけた闘争にのぼりつめた理性の時代のアイロニーは認識される必要がある。このような歴史のパターンは、アメリカ的な生の形態に、またアメリカの現代の経験に、独特なアイロニーの意味を与えているが故に、とりわけわれわれの関心の対象となるのである。

アメリカの繁栄は伝説になっている。われわれの生活水準は、世界中のもっとも欲ばりな夢をも越えている。われわれは、国内の安全と富との故に一種のパラダイスにいるのである。しかしわれわれは、われわれの生活を豊かにしたのと同じ技術開発がわれわれを世界歴史の悲劇の中心に位置付けてしまったというアイロニックな状況に直面している。科学的な発展には明らかに限界があり、繁栄と徳との間、そしてわれわれの思想では予想し得なかった幸福と「良き生活」との間には解決できないような矛盾が存在するのである。これらの矛盾の発見は、われわれの文化を絶望へと脅かす。われわれは「幸福」に対する脅しを、さいわいとかなしみとを越えた平静さによって受容することなどできないということを知っている。われわれはまた敵のみならず味方からの侮辱によって不快感を抱かせられる。というのは敵も味方も、わが国の成功を、徳のもたらす成果であることを認めることをせずに、俗物的実利主義の成果であると見なそうとするからである。それによって、われわれは、果して徳と成功との間には単純な関連性などが存在するのかどうか、また果して物質的豊かさとか社会的平和とかによって、人間の科学は社会的成果がどのようなものであれ、人間にとって平和に到達するということは単純な可能性であるのかどうか、というような問いにわが国の歴史の中ではじめて直面することになったのである。

1

アメリカ文明の驚くべき豊かさや高い水準の快適さの実現に寄与してきたいくつかの要因を取り出し、それを正しく評価するということは容易なことではない。またこのようなハイレベルな生活水準がアメリカ社会の精神的文化的な特性に与えた影響を誤りなく査定することはさらに難しいことである。ピューリタンもジェファソン主義者も、ジェファソンが神の摂理によって「われわれの父祖たちは、昔イスラエルがそうであったように、彼らの祖国から導き出され、必要なものを与えられ、豊かさに満ちた国に住むこととなったのである」と語ったように、アメリカの繁栄を神の摂理に帰したのである。父祖たちがわれわれとイスラエルとの間に見出したさまざまな類似点のひとつは「約束の地」が「乳と蜜」の流れる地であるだろうという希望的な観測であった。

カルヴィニストとジェファソン主義者との間にはキリスト教の理解においてさまざまな相違点があるにもかかわらず、人生上のさまざまな問題についてと同じように、ここでは意外にもよく似た結論に到達しているのである。ジェファソンにとって、新大陸のめぐまれた経済環境は、摂理的な神意の明白な目的であった。新しい共同体が持っている美徳は、この環境から由来したものなのである。初期のピューリタンにとって生活における物質的な環境は基本的には重要なものではなかった。ピューリタンの信仰によれば、繁栄は、美徳の第一義的なことでもその果実でもなかった。ユリアン・オークスは一六三一年のことであるが次のように述べている。「人間が神を見ることとをせず、また神を持たずに、成功を道具や手段の適切さの成果であると見なすようになる時、その時にこそ、神は自らの権限を主張し、またさらに神の計画通りにあるいは成功を与え、あるいは取り去るということを主張するのである」。しかしピューリタンの信条から生じた二つの要素、そして環境に由来する第三の要素という三つの要素が、アメリカ的な生活を拡大して行くチャンスに恵まれたピューリタンたちの態度を変化させることになったのである。

すなわち第三のものというのは、一度初期の困難に耐え、のり越えられた後で新大陸の豊かさが驚く程高い水準の幸福を約束するのだということが明らかとなった、ということである。これらは「契約によらない〔神の〕慈悲」として受け取られた。トーマス・シェパード（一六〇五—四九年）は次のように言った。「われわれはこの荒野で冒険を試みた。それによって悲惨は当然のことととして予期してきたのである。しかしわれわれは、われわれの思いや、賢明な人々の遙かな期待を越えて、それ以上に主がこの悲惨を緩和したことを告白しなければならない」。また一六六三年には、ジョン・ヒギンソンがマサチューセッツ植民地会議において行った説教において、このような「神による困難の解消によって、このような成功がもたらされたというプロセス」を高く評価したのであった。彼はこのような初期の信仰について次のように述べた。「主がこの荒野に渡来した多くの主の民の魂を励ましたのは、現世の富のためでもなく、あるいは肉の生活を改善するためでもなかった。ここにやってきたほとんどの人々はそのことを告白していた。彼らはこの荒野でそのようなことを求めるいかなる理由も持ち得なかった。神よ、あなたはあなたの貧しき民を祝福して下さった。しかし彼らはこの地で貧しさの中で生活をはじめたのだが、ついに大変な資産を持つに至ったのである。願わくは主がすべての民を証人として呼び出して下さるように。おお、人々よ、見よ。あなたがたの町や農場を、あなたがたの家を、そして店を、船を。そして見よ。あなたがたの大いなる成功を。陸と海の産物の大いなる増産を。神はあなたがたにとっての荒野であったのか。われわれはこう答えざるを得ないであろう。そうではない。主よ、あなたは恵み深い神であり、あなたのしもべたちに思いを越えた善をもたらして下さった。これらの地上のものにおいてさえもわれわれはかつて予想していた以上に多くの快適で、豊かな生活を受けているのである」。これは初期のピューリタンたちが物質的な動機を欠いていたことを告白し、新しい共同体において予想していなかったような物質的な恵みを得たことに対する感謝の正直な表現なのである。それ以来、われわれの幸運さの中にある偶然的な要素と神の摂理とを識別することが、われわれ国民にとってもっとも困難な課題のひとつとなったのである。もし思い上がった心によってか合理主義的な精神によってか、歴史的な状況のさまざまな要素を合理的に収斂させ、そしてこの国の幸運とこの国の美徳や熟練との間に直接的な整合性を見出そうとするならば、われわれは事実が保証する以上に、この繁栄に対するわれわれの貢献を避けがたくより多く強調してしまうことになるであろう。このことが今日のアメリカ的生における道徳的混乱の源泉のひとつとなっているのである。なぜなら後期のピューリタンから今日に至るまで、われわれはアメリカの繁栄を、われわれの卓越した勤勉さ、大いなる技術力、そして（ごく最近では）自由の理念に対する情熱的な献身のためだと考えてきたからである。それによってわれわれは、われわれが経験することになる不運な時代に対処する精神的な態度を難しくしてしまったのである。われわれは、われわれの成功の基盤に、この国の天然資源の豊さ、そして技術の革新がこの大陸を統一的な政治的、経済的な組織として確立できたことによって、この大陸を征服できた、という偶然的事情があったことを忘れてしまっている。

もし現代人が、歴史の錯綜した諸局面には人間の徳や巧みさによって与えられるよりもっと大きな意味があるということを信仰によってとらえることができないと言うならば、その人は自からの画策の中に偶然や気まぐれの要素があることに目をとめたらよいのではないか。そうかと言って他方で摂理を単純に信じる者たちは、同じくわれわれ自身の貢献についての誤った評価の危険からわれわれを救うものではないのである。そのことは、われわれの歴史におけるピューリタンの歩みが証明していることである。

カルヴィニストの信仰には二つの要素があった。しかしそれらは繁栄と逆境のどちらをも乗り切るという信仰から新しい共同体における繁栄の方に熱中するような宗教へと変質してしまった。ピューリタンたちも、ジェファソン主義者たちは「実用的な知識」だけを価値ある知識と考えた。そして彼らはこのような知識とは（ジェファソン的な考え方の核心でもある「実用的知識を促進させるアメリカ哲学会」の言葉を用いるならば）「それによって商業が拡大し、農業が改善され、生活の方式がより容易に、快適になり、それによって人口が増加し、人間の幸福が増す、というような生活において誰もが求めるような」知識だと定義したのである。

カルヴィニストの信条における二つの要素うちの第一は特殊摂理を強調するものであり、第二は神信仰に生きること（godliness）こそ、この世の生における成功をも含めて、すべてのことに益があるという確信であった。もし摂理が（「悪人をも善人をも」照らす太陽や「正しい者にもそうでない者にも降り注ぐ雨」という言い方で説明されているように）それを受ける者の美徳や欠点とは直接には関係なく働く神の恩寵の力として説明されるのではなくて、むしろ特別の人間や特定の歴史的な状況と特別に結び付く神の特別な行為を意味するのだと考えられるとしたら、神の契約以外の恩寵としてそれを感謝して受け入れるということは、神への感謝から自分の好運を自賛することへと堕落してしまうであろう。それ故に必然的に摂理とは、悪を罰し、徳に報いるということを意味するものとなったのである。

このように理解された摂理の理論は、自然の恵みや自然の破局を、まさに道徳的な仕方でその意味が計られねばならないようなものとしたのであった。それ故に初期のピューリタンのひとりマイケル・ウィグルズワースは、一六六二年の大干魃をニュー・イングランドに対する神の裁きと見なしたのである。彼の『神のニューイングランドとの争い』の中で、次のような警告を発したのである。

「ああ、ニュー・イングランドは、まさに放蕩によって、
そうまさに放蕩と残忍な行為によってそれを得たのだ。
汝は悪しき誇りと放蕩によって

それをその身に受けることになったのだ。
それ故に、汝のこの世への想いは鞭打たれるべきだ。
汝はあまりにも多くを望み過ぎた。
それ故に汝は主の怒りを招き、
その祝福さえも奪い去るほどの怒りを受けたのである」。

当然のことであるが、新しい植民地のようにあらゆる面で大変恵まれた共同体にあっては、裁きよりも恵みのしるしの方が多かったのである。そして神の快不快とが歴史の変遷の中に現れ出るという理論は必然的に、われわれの行為をして何らかの評価されるべき功績でなければならないという確信に至ったのである。こうして「特殊」摂理への確信が後期カルヴィニズムの思想を特徴付けている美徳と繁栄の完全な一致という信念を与えることになった。ウィリアム・スタウトン（一六三一—一七〇三年）は、このような信念について『ニュー・イングランドの真実の利害』の中でこう述べている。「もしある民が有利と特権へと高められたとしたら、その民こそわれわれである。……われわれは至るところでわれわれにとって益となることのために働く神の目と手とを持ったのである。われわれの敵はこらしめを受け、われわれは種々の励ましと取り囲む火の垣根とを持ったのである」。

カルヴィニズムの思想においては、神の恵みのしるしを意味する繁栄は、日々の生活を敬虔な信仰のための訓練の場として求めなければならない、という思想と結びつけられている。カルヴァンは次のように述べている。「豊さは悪しき人よりもむしろ敬虔な人が受けとる分前であるべきである。というのは神信仰に生きることは、来世と同様に現世の生活においても神との約束をも持つからである」。われわれは、カルヴィニズムの「世俗内禁欲」は、われわれの資本主義文化の基盤である勤勉、正直、倹約というものを基礎づけるものであるというマックス・ヴェーバーの『プロテスタンティズムの倫理と資本主義の精神』の中での主張を良く知っている。事実ヴェーバーはアメリカでの実例から彼の書物におけるもっとも意義深いあの結論のいくつかを引き出しているのである。すなわちヴェーバーは次のように述べ、アメリカの実例を引用している「後年にはアメリカの南部諸州となった隣接植民地が、商業的な目的を持った大資本家によって建設されているにもかかわらず、資本主義の発展は遅れたままであった。他方ニュー・イングランドの植民諸地は、牧師たちによって建設されたのである。……しかも宗教的な理由によって(注2)」。

（2） Max Weber, *The Protestant Ethic and the Spirit of Capitalism*, p. 55.

いずれにしても、アメリカにおけるピューリタニズムからヤンキーイズムへの後退は急激なものであった。神への奉仕ということの中に意味を見出していた繁栄は、今や自分自身のためのものとなってしまった。ヤンキーたちは〔旧約聖書の〕申命記にある次のような約束を感謝すべきものだと感じ、読んだのであった。「あなたは主が見て正しいとし、良いとされることを行わなければならない。そうすれば、あなたはさいわいを得、かつ主があなたの先祖に誓われた、あの良き地にはいって、自分のものとすることができるであろう。また主が仰せになられたように、あなたの敵を皆あなたの前から追い払われるであろう」（申命記六章一八節）。しかしヤンキーたちは同じ申命記が述べている次のような人間の業績と繁栄についての意義深い宗教上の条件は心に留めなかったのである。「あなたの神、主があなたを良き地に導きいれられる。……そこは湧き出る水の流れ、泉、及び淵のある地。……あなたは食べて飽きる。……あなたはあなたの神、主を忘れることのないように慎まなければならない。……あなたは……麗しい家を建てて住み、また牛や羊が増え。金銀が増し、……あなたは心のうちに『自分の力と自分の手の働きで、わたしはこの富を得た』と言ってはならない」（申命記八章七―一七節）。

アメリカ的な生活においては、「いさおなき身」に与えられた神の恩寵に対する宗教的な畏れと感謝とは、比較的早い時期に消滅してしまったのである。そのことはわれわれの大統領が行う毎年の感謝祭の言葉の中に矛盾したままでその形を留めている。その中で大統領は、われわれが手にしている繁栄という神の祝福に値する国として、アメリカ人民の徳や理想の故に、神を賛美しているのである。

要するにアメリカのピューリタニズムはジェファソン主義とそれほど異ならない主張によってアメリカの繁栄に寄与してきたのである。ジェファソン主義によれば、成功と幸福とは徳の基盤として求められねばならないものである。つまりジェファソン主義によれば、もしどの市民も公平に豊かに報いられるような労働を享受し得るとすれば、自分の隣人を利用するようなことは起こらないであろうと考えていた。ピューリタンは、繁栄を徳の基盤と見なすよりは、徳を繁栄の基盤と見なしたのである。しかしどちらも、これら二つの力の合流によって、ヨーロッパでもっとも発展している国々よりも、さらに徹底したブルジョア的なエートスを表すような、物質的な暮らし向きに左右されるという生活態度を生み出したのである。

ド・トクヴィルは一八三五年に、最初期のピューリタニズムから一九世紀の「アメリカ的宗教」への展開の中で示されたような、アメリカ的な「此岸性」について次のように述べている。「アメリカ人は利害の故に宗教を奉じているだけではなくて、人々に宗教を信じさせるような利害をこの世に設置したのである。中世では、聖職者たちは、来世についてしか語らなかった。彼らはキリスト教信者がこの世で幸福を得ることの可能性について証明しようとさえ考えなかった。

しかしアメリカの牧師たちは、絶えずこの世を引き合いに出すのである。……アメリカの牧師たちは会衆の心を打つために、宗教的な見解が、いかに自由や社会の安定にとって益するものであるかを示そうとするのである。それ故にアメリカの牧師たちの説教の展開の中で、宗教の究極的な関心が永遠の祝福を得ることにあるのか、それともこの世における繁栄を得ることにあるのかを区別することは、しばしば困難なことである(注3)」。

（3） De Toqueville, *Democracy in America*, Vol. II, p. 127.

恐らくトクヴィルが感じている困難さは、彼自身が「永遠の祝福」と「この世での繁栄」とを対立させているということから生じている。真の選択は、われわれの現世の生活の喜びや悲しみに無関心となるという犠牲を払ってまで将来の祝福を約束する宗教と、物質的な安全さと快適さとに関心を持つような宗教との間でなされるものではない。本当の問題は何かと言えば、宗教であれ文化であれ、ひとつは、われわれがとるべき責任に対する高潔な顧慮の故にそこから結果する悲哀や苦痛を理解し予期する十分な深さをもつ次元において生を解釈することができるか、それとも、「幸福」というよりはそれ以下でありまたそれ以上でもある何かにつまり悲哀や苦痛の内部にあって平静を保持する十分な深さをもった次元において生を解釈できるかということの選択である。この国が直面している困難と、今や繁栄と徳とは単純には結びつけられないということと、少なくとも幸福とは人間にとってそれほど単純な可能性ではないということ、それをわれわれが理解しなければならないということなのである。

2

宗教的文化に向けられたコミュニストの批判が、とくにアメリカに適応される場合、それはアイロニックな側面を持つことになる。コミュニズムによれば、宗教とは、生にとっての「非本来的力」を支配できなかった弱者の慰めである。宗教は、「人間が日々の生活をコントロールしているこの非本来的力」を「計画する」だけではなく、「廃棄する」(注4)こともするようになる時には消滅してしまうものなのである。現実的には、コミュニズムという毒物を廃棄しようと努力してきた西洋の健全な諸国は、それが宗教的な動機によってであれ、世俗的な動機によってであれ、人間の生活の安楽や安全の問題に関心を向け、自然を征服し、社会を改革することを促されてきたのである。確かにこれらの諸国は、人々に「豊かさ」をもたらすということにおいて、コミュニズムよりも成功している。しかしこれらの諸国の誤まりと言えば、それは現世的生活の快適さをさげすむという点においてではなく、達成可能なレベル以上の生活上の快適さを人々に約束したという点においてであり、とりわけ人間に安楽を与えることができるのと同じ技術をもっていろいろな武器をつくり出し、それによってわれわれ自身とわれわれの兄弟同胞たちとの間の憎しみを一層先鋭化させることになったという点である。

（4） Man proposes, God dispesse ということわざによる。

繁栄崇拝のアメリカ的カルトを考察してみるとき、この現象に付随するもうひとつの側面を見落すことができない。アメリカの人々が生活のレベルに何よりも関心を持っているということの理由は、一般的にはまず何よりも新大陸のチャンスの豊富さから、また宗教と徳との関係についてのカルヴィニズムやジェファソン主義的な考え方から引き出されるが、あまり気付かれていない別の理由も存在しているのである。シュペングラーの理論によれば、ある文明（civilization）のもつ科学的、技術的、そして社会的な問題に関する外向的な関心は、ひとつの文化（culture）の死によって、哲学的、宗教的、そして美的な学を生み出すような内向的な関心の冷却が起こることによって、放出されるというのである。とするならアメリカ的な「積極的な金儲け」主義西欧文明の開花期との関係は、ローマの橋や道路の整備とギリシア・ローマ文化の興隆期との関係と同じである。どちらも場合においても、退落の冬を思い浮かべさせる。ド・トクヴィルは、アメリカの「デモクラシー」の対外的な行動と、より伝統的な世界の純粋な文化とを対比させた、彼のアメリカ的な生活についての考察の中で、同様のテーゼを暗示している。「アメリカ社会のデモクラティックな状態が多くの人間に活動のためのエネルギーを与えている。しかしそのような活動的な生活にふさわしい心の習慣は、必ずしも観想的な生活に相応しいとは言えないものである。……このデモクラティックな国家に住む多くの人々は、現実の物質的な生活を満たすことにきわめて熱心であり、現状に決して満足していないので、彼らはそのような状況を変え、財産を増やすための手段を考えることに熱心なのである(注5)」。

(5) *Ibid.* 42-45.

生活の物質的な基盤に心を奪われるということはデモクラシーのためだと主張するド・トクヴィルが、この問題についてのあらゆる側面を正しく認識できているとは思えないが、トクヴィルはたしかにアメリカのデモクラシーが持っている未解決の問題を提示していると言うことはできるであろう。大陸の広大さに基礎づけられて拡大するフロンティア文化として成長し、地理的な意味でのフロンティアが消え去ると、今度はチャンスという新しい種類のフロンティアを生み出して行くこの国の特殊なデモクラシーの特徴は、確かに彼が言うように、生活の特権の配分を正当になすという倫理的、社会的な問題を、それを過度に拡大することによって解決しようと試みられているので、公平な(equity)配分がきわめて容易になされるか、あるいは公平の欠如が認識されないほどになっているかのどちらかだ、ということにある。というのは、豊かさという点では、この社会のもっとも豊かでない人でも、より恵まれない社会の人々と比べるとやはり豊かだと言わねばならないからである。おそらくどのようなデモクラティックな社会もアメリカのように徹底した調整をなしてはこなかったであろう。このような成果を全くシニカルに判断することはきわめて不当であると思う。なぜならアメリカのこのような成果には、(たとえばそれはフランスの資本家たちはこれまで学んでこなかったことなのであるが)労働者に高賃金を与えることによって能率的な大量生産が可能になるというアメリカの資本家たちの認識が含まれているからである。おそらくつけ加えておくべきことは、このような認識は純粋に理性だけによって出てきたものではなかったということである。というのは労働者たちの組織的な圧力が資本家たちにのしかかってきたからである。しかし資本家たちも、自らの利害を損なわない仕方で高賃金政策を行使していくことを学んだのである。それは君主制を主張した人々が、歴史の圧力によって古い形態の君主制が崩壊したあとに、立憲君主制の価値を学んだのと同じことである。

しかしアメリカ的文化が、生産力を不断に拡充していくことで、社会の緊張を和らげようとしたことによって支払った代価はかなり大きかったと言わざるを得ない。というのは人間社会においては、利害と利害との調整が可能であるという安易な幻想が生み出されてしまったからである。

この幻想がわれわれの宗教的、世俗的な理論や、社会的、政治的な理論に対してセンチメンタルな思いを抱かせるようになったのである。またこの幻想が「〔物質的な〕生活レベル」こそがよき生活の規範であり、また技術の完成こそが文化的な価値と同様に、社会的・道徳的な価値をも保証するものだと見なすような文化を生み出すことになったのである。

3

アメリカ文化の進歩、つまりアメリカが世界共同体の中でヘゲモニーを持つようになり同様に生活のレベルが限りない向上を続けることによって、いたるところわれわれの理念や規範がアイロニックな非難に直面するという限界につき当った。とりわけ繁栄と徳とが両立し得るというわれわれの単純な確信は、アジアとの関係においてチャレンジを受けている。というのは、農業型経済という見込みのない貧困状態から何とか抜け出しつつあるアジアでは、アメリカの繁栄は不正義の結果だと見なされているからである。また技術改革と文化とが両立し得るというわれわれの確信はヨーロッパとの関係においてチャレンジを受けているのである。というのはヨーロッパの国々、とりわけフランスは、われわれの文化を「野蛮なもの」と見なしているし、彼らは彼らの有名なワインの人気が、アメリカの合成酒による侵害によって危機に直面していると見なしているのである。「コカ・コーラ植民地主義」（Cocacolonization）へのフランスの抵抗は、このアイロニックな戦いを的確にひとことで表現して見せている。幸福が生の目的であり、成功がその幸福の基盤であるというわれわれの確信は、アメリカのグローバルな責任から生じてくる義務や犠牲、また痛手や苦悩とによってチャレンジを受けているのである。

われわれに向けられたフランスの文化的な対抗意識は、実はヨーロッパのほとんどの国が感じているはずのことを言い表しているにすぎない。もっとも悲観的なムードの論調を展開しているヨーロッパ中立主義の批判を『ル・モンド』の言葉を借りて説明するなら、アメリカはあらゆる生の現象をすべて技術のコントロールのもとに置こうとするロシアの場合とそれほど変わらない「技術至上主義」国家ということになる。しかしこのような告発がフランスによってアメリカに向けてなされたということは二重の意味でアイロニックなことである。現代のブルジョア的な社会全体がその罪についての責任を持っている過ちについて、ヨーロッパの諸国はわれわれの国を批判するが、この過ちは、われわれがヨーロッパ社会が生み出したものをより徹底した形で発展させたことの帰結だというべきものである。というのは、伝統的な貴族文化的なエートスがヨーロッパで果たしていたような障害なしに、アメリカは技術至上主義という信仰を磨くことができたということなのである。また他方で、われわれの文化と純粋なマルクス主義者たちの文化との類似点についての批判は、両者ともその起源をフランスにもつエートスのひとつの流れであり、そのフランスが現在ではヨーロッパにおけるアメリカ文化の主たる批判者であるという意味では、ある真理性を持っていると言える。しかしマルクス主義は、自分の人生の意義を容易に限定してしまい、それによって生の変革を果たそうとするエリートたちに、厳密な仕方で権力の集中を行うことで、技術社会が持っているヴィジョンを腐敗させてしまっているのである。このような腐敗が生じることに対してわれわれのデモクラシー社会は、〔それが生じないような〕保証を与え、技術革新のレベルが人の生の目的や意義に適応されることを阻止するのである。

しかし否定できないことは、ブルジョア社会が技術や効率の問題と文化的な生活との関係においては、収穫逓減の法則（the law of diminishing returns）を経験しつつあるということである。文化的な営みは物理的な安全性や快適性の最終収益点（certain margins）を追求する。しかしこの最終収益点が上がることで、文化的なものの価値が高まるということが保証されているわけではない。結局はこの最終収益点に夢中になったり、肉体的な快楽に心を奪われるということになってしまうのではないだろうか。技術の発達は文化の発展の基盤である。文字や印刷技術の発明は、文化の歴史におけるもっとも重要なチャプターを構成している。しかしマス・コミュニケーションの技術（arts）がコミュニケーションをさらに発展させたことは、大衆に文化の豊かな産物を配付したということだけではなくて、文化を劣悪化したとも言えるのである。テレヴィジョンは、原子爆弾がわれわれの文明への脅威となっているのと同じような意味で、われわれの文化への脅威となるかもしれない。アメリカはヨーロッパ諸国のイメージによればハリウッドの国なのであるが、ヨーロッパ人は、テレヴィジョンのプロデューサーと視聴者とがいかに低俗でセンチメンタルな芸術の配給に巻き込まれてしまっているかということについて、公平な判断を下しているとは言い難いし、ヨーロッパでは、かの地で何百万人もの人が争って消費するものの生産がアメリカの責任だという見方も正しいとは言いがたい。この点において、他の問題と同様に、われわれはヨーロッパの批判をある程度値引きする必要がある。なぜなら、ヨーロッパがわれわれのような幸運な国民にはより高貴な生の価値を保持することも評価することも不可能であると信じていることには、しばしば彼らの挫折した願望がそこにかくされている可能性があるからである。

それにもかかわらず、われわれが生の多くの問題の解決を量的な次元に求めており、そのアプローチに限界が存在することをよく認識していないとの批判を、われわれは全く否定してしまうことができないのである。この国の高校や大学への進学率が増加し続けていることは、知性

(intelligence) を社会的な知恵とか美的な感覚とか精神的な平静さではかるか、それともそれ以外の基本的な人間的精進ではかるかはともかく、また他の人間としての基本的な行為という視点から知性ということについて判断したとしても、この国を最高の「知性ある」国家にするのに役立つということとは結びつかないということを意味している。そのことはわが国を確かに技術的にはもっとも効果的な国家に成長させたが、その技術的なレベルは完全に量的な次元のものであり、それはどのような文化的な諸価値の成熟よりも容易に達成可能であることを証明しているのである。

われわれが技術に魅惑されたということは、われわれの古典的な文化遺産の少なくともある特殊な一点に関して、有害な結果をもたらすことになっている。われわれの国民文化ほど、社会学や政治学、また人文科学のあらゆる知識を、自然科学の枠組の中に入れてしまうことに努力したものは他にはなかったであろう。この努力は他のもうひとつのコンテクストにおいてより慎重に分析される必要がある。すなわち、政治学が人文科学という古い起源から切断され、社会学者や心理学者、そして人類学者たちの知識によって「豊かに」されたというが、その結果といえばしばしば現代史の大きな悲劇的な現実を曖昧にし、深刻化している諸問題に無味乾燥な解決を与える詳細な報告に終始しているということを指摘しておきたい。社会心理学における人間の「攻撃性」についての研究と、この世の現実の中で出会う攻撃性のコントラストや、またわれわれがこの世の現実において出会う具体的な攻撃性は、社会心理学においてなされる科学的な手続きという顕微鏡によっては認識できないほどの熱狂や幻想、そして歴史的な脱線や混乱がそれらに力を与えているのだというアイロニーを良く示しているのではないだろうか。

4

幸福は万人の望むところである。そして多くの人々は幸福に利那的な仕方ではあるが到達し得るのであろう。幸福に利那的にしか到達し得ないということは、それが身体、精神、そして社会の調和の内的生産物だからである。このような調和はめったに生じるものではない。われわれの抱く希望と成果とは容易に調和するものではない。というのは一般的に言って希望というものには成果を追い越す傾向があるからである。また人生の、意識における目標とそれを達成するための物的な手段とは調和しないものである。というのは肉体の健康ははかなく、不確かなものだからである。「ブラザー・アス」(Brother Ass)〔と呼ばれるわれわれの身体〕はときどきわれわれの期待にそわぬものである。そしていずれ最後にはだめになる。それ故に、われわれが社会は個々人のためにこそあるのだと一八世紀といっしょになっていかに狂暴にそれを強調しようとも、個人の欲望や野心と人間社会の目標とは仲々きれいには調和しないものである。共同体や文化や文明は、その途中で命を失うであろう個人によって守られねばならないような危険にさらされているのである。今日〔朝鮮戦争中の〕朝鮮半島には、不可譲の権利としての「幸福の追求」を保証されている多くのアメリカ人青年がいる。しかし現在の彼らには、彼らがそのような権利を持っているとしても、彼らにいかなる単純な幸福がもたらされるということさえ有り得ないのである。彼らが得ることのできるような幸福には、苦しみや不安や悲しみが不思議な仕方で混在している。事実それは幸福とはほとんど言うことのできないようなものである。もしそれが何であるのかと問われるなら、それはリンカーンのいう「自由の祭壇にいとも高価な犠牲を捧げた人々が知っている厳粛な喜び」と言い得るかも知れないのである。

繊細な個人がもつ理想と最善の社会にさえある道徳的な平凡さとの間には容易な一致は存在しないものである。個人と共同体とをひとつの調和ある「調整」にもたらそうとする自由主義的な希望は、すべての個人的な希望と理想とが完全に実現する不和のない社会を建設するというコミュニストたちの自信より、もっと無味乾燥であるがより危険の少ない希望である。単純明瞭な事実は、一箇の個人は、彼がその一部であるどのような共同体をも越えて行こうとするものだということである。われわれ現代文化が重視してきた「個人の価値と尊厳」という概念は、究極的には宗教的な次元においてこそ意味を持ってくる。「個人の価値と尊厳」は、それを保証しようとするその同じ文化によって、たえずに脅やかされてもいるのである。「個人の価値と尊厳」という概念は、もし個人の欲求や希望や理想が集団的目的と摩擦なき調和へとはめ込むことができるのだと仮定されるようなことがあるとき、それはたえず脅かされるのである。個人は孤立した存在ではない。個人は共同体の外で自らの完成を見出すことはできないが、同時にその完成を共同体の中に見出すこともできない。個人が共同体の中で完成を見出そうとするならば、その限りでは個人は自らの野心を抑制せざるをえない。そこで個人が真に生きようとするならば、「自分に死」なねばならない。個人が歴史的な存在である共同体を越えたところで自己の完成を見出そうとしている限り、その共同体がどれほどに良いものであったとしても、その個人は苦痛に満ちた緊張の中で人生を送らなければならなくなるであろう。そしてある時には「われわれは人間ではなく、神に服従しなければならない」という思いをもって、共同体のあり方にチャレンジするようになる。また時には個人は自ら望んでイノセントな生活を送ろうとしながら、〔まるで他者の〕身代わりのようになって社会の罪に巻き込まれてしまうということもある。あるいは彼は爆撃機に搭乗し、彼の共同体を生かすために呪われた者のように良心の呵責《かしゃく》に苦しむ可能性を帯びることもあるのである。

ひとの人生や歴史の中にはいかなる単純な斉合（congruity）もあり得ない。幸福のカルトはそのことを誤認させる。自然〔災害〕の突発性に科学的に対応したり、歴史の不正義に対して社会的、政治的に勝利をおさめることによって、人生のもつ不斉合（incongruity）をできる限り緩和しようとすることは可能であろう。しかしこのような努力は、人間存在の断片的性格という特徴を最終的には克服することができないのである。人生が求める究極的な知恵とは、不斉合性を取り除こうとすることではなくて、そのような不斉合の中にあってそれを越える平静さを達成することである。

いかなる価値あることとも、人生の時間の中でそれを完成することはできない。それゆえひとは希望によって救われねばならない。いかにまことで美しく善きことであっても、目に見える歴史の現実の中でそれを明白に実現することはできない。それゆえひとは信仰によって救われねばならない。いかに有徳な者であっても、ひとのなすことは、ただひとりだけでは達成することはできない。それゆえにひとは愛によって救われるのである。たとえわれわれから見て有徳な行為であると思えるものであっても、われわれの友人あるいは敵から見ればそれは有徳だとは感じられないものなのである。それ故にわれわれは赦しという愛の究極的な形によって救われねばならないのである。

アメリカの幸福の探求におけるアイロニーとは、アメリカが他国よりも、明らかに生活を「快適なもの」にすることに成功したが、この国がそれによって小さな矛盾から逃れることができたのと同じ達成〔科学技術〕をもって、人間の運命のより大きな矛盾に直面したということである。そのようにわれわれが得たのは、人間と自然、人間と社会、そして人間とその運命との間に、それは一時的にはよかったにせよ恒久的な妥当性はもち得ないような調和（harmony）であったのであって、その結果あまりにも単純な仕方で人生の意味を理解しようとしてきたわけである。われわれの成功こそが、逆にこの成功の限界を暴露することを早めたと言ってよい。われわれはこのような努力を越えて、信仰によって、万物の神的な目的と目的であるお方のアイロニックな笑いを、そこから感じとるのである。「天に座するものは笑い給う」（詩篇二篇四節）〔本書、二六一頁以下の付録「ユーモアと信仰」を参照のこと〕。なぜなら「民はむなしきことを謀る」、だから、神は笑うのである。聖書は、神の笑いが人間に対する嘲笑であり、その中に人間の虚栄心に対する裁きがあることを教えている。しかしもしこの笑いが、真にアイロニックなものであるならば、それは裁きであると同時に恵みを象徴するものである。というのは、裁きが人間の努力の限界を指し示してくれることによって、この限界を謙虚に受け入れる可能性が与えられるからである。この受容の中にこそ恵みと平安とを見出し得るのである。

第四章　運命の支配者

1

コミュニズム運動は今や世界全体が警戒を怠ってはならないものとなっているが、それは人間に自らの運命の完全な支配力を与えようとする企てであると見なされてきた。コミュニストのエリートたちが自認する「必然の王国から自由の王国への飛躍」を遂げたと考える思い上がり（pretention）と、したがってこれまで人間の行為を束縛してきた自然や歴史の制約にはもはや服さないという思い上がりから必然的に生じてくる残酷さに比べれば、コミュニズムの「唯物論」や「無神論」という悪などは大したものではない。コミュニズムは自らを歴史の運命の支配者だと考えているのである。コミュニズムのエリートたちの残忍さは、彼らの考え方における崇高さの妄想から必然的に発生するものである。また他方で、その残忍さは、歴史の支配者であるはずの彼らが歴史の中で対処しきれない力、すなわちコミュニズムの理論に適応しないような力に直面したり、反対に出会った際に、それを阻止するために行使する狂暴さに起因している。実際にはこれらの諸力は彼らの「内的な矛盾」論によって緩和されもしなかったし、コミュニズム的権力に強制屈服されることもなかったのである。

コミュニストたちの考えによれば、プロレタリアートが党の指導によって古い秩序を覆すことによって完成する「自由の王国」というその自由は、社会における個人の自由を意味するものではないのである。そうではなく、それは人間それ自体の自由である。もちろん人間それ自体なるものは、個別の知性や意志を持って簡単に行為するのではない。そうではなくて、歴史の理論は、「労働者階級」に歴史的過程の中に特別な位置を与えた。なぜなら「労働者は既存の構造である生産力の専有様式を廃止する以外には、社会の生産力の支配者となることはできない」からである。「……以前存在していたこの構造の改革のための運動は、少数者たちの運動であった。しかしプロレタリアートの運動は、全人類のために働くことなしにはあり得ず、また一切の社会の上層階級を排除することなしには、彼ら自身が目覚め、そして立ち上がることができないということを自覚した多数者の運動なのである」(『共産党宣言』)。しかし、潜在的には人類それ自体であるこの階級は、どうしても後見指導を受けることが必要だというのである。「前衛」、つまりは〔共産〕党の助けなしには、この階級はレーニンによれば「労働組合的な心理状態」を越えることはできないということになる。すなわち、それは歴史内部におけるあたりさわりのない、とりあえずの目標を追求するというような運動になってしまうということである。世俗化された摂理のこの巨大な戦略を理解するためには、神からの託宣（この場合には「マルクス＝レーニン主義」の科学的な知恵ということであるが）の宝庫である党の知恵が必要になると彼らは言うのである。この摂理が「党」を重要な働きと決定的な勝利のために選んだということになっているのである。

多くの観察者たちが指摘している通り、この構想全体は宗教的な黙示的性格を持っている。しかしそれはきわめて現代的種類の宗教的黙示である。というのはこの構想は、マルクス主義者であろうとなかろうと、あらゆる現代人の典型的な希望をその中に含んでいるからである。この希望は何かと言えば、人間は歴史の中では被造物であり同時に創造者であるという曖昧な立場から救い出されて、明白に自らが運命の支配者になることである。マルクス主義の夢が自由主義の夢とちがうのは、人類の代理人として働くはずのエリートたちの定義を一層厳密にすることによって、このエリートたちに実際の政治的な権力を与えるという計画を立て、またこのエリートたちに歴史の目標を知っているというファナティックな確信を持たせ、さらにこの目標達成のためには人生のあらゆる価値を犠牲にすることが当然であると考えている点においてである。自由主義文化も一八世紀以来、似たような希望を抱いてきたのである。すなわち自由主義文化は、マルクス主義と同様に、人間の行為の中に生じる運命の形式を見定めるにあたって、人間の知恵に限界があるのだということに耐えられなかったのであり、人間の力が、運命全体を自らの意志のコントロールのもとに置くことに失敗することに耐えられなかったのである。コンドルセは次のように述べている。「もし人間が確信を持って、自らがその法則について認識している事柄について完全に予測することができるならば、……あるいはまた自らの過去の経験に基づいて、将来を予測することが可能であるならば、なぜ歴史における人間の運命を、これまでに自らが経験したことや自らの知識に基づいてまたそれとの類比から想像することが、キメラ的途方もないな仕事と見なされなければならないのであろうか」。コンドルセは将来を予測できると考えていただけではなく、彼は将来を知っていると確信していたのである。それ故に彼は次のように述べたのであった。「人類の将来に関するわれわれの希望は、国家間の不平等の解消、人類の平等の促進、完全な人間的な成長」であり、そのためにはただ「フランス人、アングロ・アメリカ人のような……啓蒙的な国民」と「単に国王に服従」している国民とを「分け隔てている広大な距離」が

「次第に消滅」することが必要なのである、[注1]と。

（1） Condorcet, *Dixieme Epoque*, p. 236.

人類を救済するためのもっとも重要な戦略として君主制を廃止するという理念は、財産制度の廃止という理念が財産のないプロレタリアートに特徴的な理念であるのと同じように、中産階級的な生活から来る特別な先入見に基づくものである。両者に共通していることは、彼らはいずれも自らが苦しめられ、またその抑圧に対処できないような権力の形態と、一切の悪とを同一視しているということである。そして両者はある特別な社会悪の源泉を、歴史上の一切の悪の究極的な源泉と理解したという点でも共通している。コンドルセのみならず、その後似たような希望を展開したコントも、このような単純な発想に全面的たよったわけではなかった。自由主義の世界は、悪の社会的な源泉を取り除くことによって完全な人間を創造するという希望と、一切の社会制度が徐々に普遍的な人間理性によって形成された普遍的な人間意志の担い手になるように教育の効果によって人間の「理性」を純化するという希望と、この二つの希望の間でゆれ動いてきたのである。これらの曖昧さは、自由主義文化のもつメシア待望的夢がコミュニズム的残酷さのようなものを産み出すことから生じてきたものであるが、そこで更にくわしく考察される必要がある。今フランス人コンドルセが、フランスとアングロ・アメリカをメシア的な国民として注目したことは、記録に値いすると言わねばならない。われわれはここに、今日アイロニックな状況を生み出す結果となったことの萠芽を見ることができるのである。フランスの啓蒙主義者は、一貫してアメリカの独立戦争とアメリカの新しい建国を、完全な世界への形成への先駆的な出来事と見ていたのであった。コントはそれから約一世紀後のこと、来るべきユートピアにおけるフランスの支配的な位置という考え方に強く固執することで、何とフランス語こそ来るべきユートピアにおける共通語になることを愚かにも望んでいたのであるが、結局フランスは、メシア的な国家という意味ではその役割から脱線してしまい、現在のムードと言えば、黙示的な希望というよりはむしろ極端な懐疑主義の虜になってしまっているのである。

その結果アメリカは、この希望と夢との主たる担い手として残されることになるのである。アメリカの精神には、その初期から現在に至るまで、その深層にはメシア的な意識がある。アメリカは、われわれが今日手にしたような政治的な権力を持ちたいと夢見たことは決してなかった。またアメリカは、そのようなわけでこの世でもっとも力ある国家となってみずから歴史を支配するという夢をアイロニックにも反駁されることになるとは予想もしなかった。というのはアメリカは常に、われわれが得た巨大な力は、われわれの意志や目的を他の国家の意志や目的とのますます巨大化するかかわり合いへと結びつけ、それによってひとつの意志が支配したり、歴史上のある特定の目標が簡単に全人類の目標となってしまうことがないように考えてきたからである。

自由主義文化において、権力がわれわれ人類のために委託されている普遍的な価値とどのような関係を持っているかということについては漠然としたままであったが、実際われわれはいつも奮起していた。われわれもまた、われわれに委託されていることの普遍妥当性の故に、普遍的な価値の確立のためには、われわれが権力を用いることは正当化されると信じる誘惑から免れてはいなかった。それ故にオレゴンの併合というアメリカの歴史の早い段階で帝国主義的な衝動が表面化した議論の中で、ある議員は次のようなことを強調したのである。「もしアメリカが抑圧されている人々の故郷となろうとするならば、アメリカはこの現在の人口にさらに数百万人を超える人々の必要に応じて、この領土を緯度においても経度においても拡張しなければならないであろう。しかしそれはわれわれの同じような共和制度を求め、平和な岸へと辿りついた人々のためだけではなく、われわれ自身の子孫のためでもある」。

しかし一般的に見て、権力の正統性を、認めることがわれわれのメシア意識の目的ではなかった。われわれは具体的な実例によって、また歴史における説明不能な諸力によって、われわれの夢が歴史の中で支配的現実と化して行くのだと考えていたのである。

既に述べたことであるが、われわれはわが国の運命についてのカルヴィニズムとジェファソン主義者の考えとが、はじめは共に人間の力に力点を置くというよりは、むしろ摂理に置いていたことに注意を喚起した。ジェファソンは「昼は雲の柱、夜は火の柱によって導かれるイスラエルの子たち」の図柄を、アメリカ合衆国の紋章として提案した程であった。ワシントンは彼の第一期の〔大統領〕就任講演で次のように述べている。「聖なる自由の火の保存と共和制のモデルの運命は、まさに徹底的に、そして最終的にアメリカ人民の手に委ねられたこの国の実験にかかっているのである」。もっとも重要なことは、われわれが人類の希望の代理人としてあるいは委託者として奉仕しているという確信であった。それ故にプリーストリー博士は一八〇二年に「われわれは今まさに全人類のために働きつつあるという感覚を禁じ得ない」と書いたのであった。

アメリカが神の摂理から生まれたという考えが、この社会のデモクラティックな理念の普遍的な実現に役立つと思われる行為を通してこの国の運命を成就して行くべきだという考え方を批判したり、抑圧したりしたということはなかった。既に見たように、ピューリタンたちは、国家に対する神の恵みを強調することから、神の恵みによって国家が得た徳を強調することへと移行して行ったのである。初期のピューリタンでさえも次のように述べている。「神はまさに選りぬきの種を荒野に送るために、国民を篩《ふるい》にかけてふるわれた」（ウィリアム・ストーンの言葉、一六六八年）。

ジョンソン（アンドリュー）大統領は、一八六八年の議会教書の中で、アメリカのメシア的な夢をもっともポピュラーな形式で提示している。「今やアメリカの人々の中にひとつの確信が急速に根拠をもち出している。それは、この地上のさまざまな地域間を結ぶ交通手段の増大によって、この国の憲法にうたわれている自由な政治制度に関する原理は……その原理の範囲と影響力の中に世界の文明諸国を包括する程の充分な力と幅とをもつようになりつつあるという確信である」。普通でない状況を除けば、われわれは自らを人類の将来の支配者であるなどと考えたことはなかった。しかし人類の導き手であると考えてきたことは確かなのである。

このようなメシア的な夢は、幸いなことに権力欲によって堕落してしまうことはなかったのだが、それを現実化しようとするとき障害となる道徳的なプライドからは解放されてはいなかった。インディアナ州の上院議員ベヴァリッジは「神は数千年にわたって、英語圏の民族、あるいはチュートン民族を、ただむなしく怠惰なだけの自己省察や自己讃美のために用意されたのではない。神は混沌の中に秩序を確立するために、われわれをこの世界の主たる組織者としたのである。……神は野蛮人や老衰した諸民族の中にあって、政府を動かし得るようにと政治への熟練を与えられたのである。もしこのような力がなかったならばこの世界は野蛮と暗黒との中に滅びてしまったであろう。そして神はすべての種族の中からアメリカ人を選ばれた民として目をとめられ、遂に世界の再生を導くべく選ばれたのである」。もちろん「野蛮人や老衰した人々の中にあって政府を」動かすという考え方は、権力の問題を意味している。しかし権力の正統性の問題はアメリカの夢の中では、多くの場合、アメリカという国家に与えられた神の恩寵は「人類〔世界〕の再生を導くこと」を委託されたという考え方に従属していた。人間の歴史を人間意志によってコントロールをするというような過度な人間意志中心主義は、われわれの間にもコミュニズムの間にもあるが、それは決定論、つまりある特定の事柄においては歴史的運命を支配するという人間の想定よりも歴史的運命が上であると考えるような決定論とは暫定的に矛盾することがあっても究極においては矛盾するものではない。アメリカの夢は何も特別なものではない。およそあらゆる国がこのような夢のヴァージョンを持っていたのである。(注2)

(2) その英国版としては、ライオネル・カーティスの『神の国』(*Civitas Dei*)を参照。フィヒテはドイツが「人類国家」(Menschenheitsnation)となる幻想を抱いていたし、マッツィーニは民族的な誇りと人類の発展へのイタリア独自の貢献と希望とを結びつけようとしていた。ロシアは常にメシア的な幻想を持っていたのであり、ニコライ・ベルジャーエフは、死後出版された『ロシア的理念』の中でこの種のメシア的な幻想をユーモアをもって分析し、ソビエト連邦のメシアニズムは、これまでのロシア的メシアニズムの幻想の理想的な頂点ではなく、相対的な頂点のひとつであるに過ぎないという結論に達した。

しかしアメリカの経験は、このような夢の中にある幻想に対する独特な、そしてアイロニックな反駁を示している。というのは既に述べた通り歴史の運命を歴史の内部にある特定の地点から処理することができるという幻想は、歴史をマネージしようとする人々の権力と知恵について、また処理されるべき歴史的「素材」の弱さと処理可能性について、常に誤算を含むものだからである。

2

歴史が救われることという自由主義一般の持っている希望と同じように、アメリカのメシアニック・ドリームは、政治的な権力であれ、あるいは他の権力であれ、手ごわい反抗的なもろもろの意志を、真のヴィジョンによって形づくられた唯一の意志へと従わせるような力に関しては漠然としたものになっている。われわれは、コミュニズムの邪悪さの多くは、コミュニズムが、ひとつの階級、ひとつの政党にその権力を独占させるようなプログラムをもっていることから発生している、ということを指摘してきた。コミュニストたちの信条に従うならば、このような権力の独占は、摂理とプロレタリアートの断固たる意志との間の一致によって成立したということになる。摂理（すなわち歴史的弁証法）は「収奪する者」の力が次第に弱まり、「収奪される者」が次第に強くなって行くことを保証している。ところが他方で歴史の究極の頂点において、プロレタリアートはあらゆる政治的権力を奪取し、すべての敵がもつ権力をすべて否定しなければならないのである。それ故に権力の独占は、正義の勝利を保証するはずであるのに、現実にはコミュニズムの残酷さと不正義の根源となってしまうのである。

歴史を支配するという夢の自由主義的なヴァージョンにおいては、権力の問題は決して厳密に検討されていると言い難い。たとえばこの夢のひとつのヴァージョンは重農主義であるが、そこにおいては、政治の権力という本来的でないものがなくなりさえすれば、歴史は理想的な人間の完成という方向へと必然的に向かうに違いないだろうと仮定されている。しかしこの夢の別のヴァージョンは、ある種のエリートの存在を仮定する。コントをはじめとして、近代の社会学者、遺伝学者たちは、何かプラトン的な哲人王、もちろん科学者王へと変形させられた哲人王の必要性を暗に指し示している。少なくとも権力保持者は「非合理的な偏見」が自らの判断や計算の中に入り込むことを防ぐために、また「自らの情報を判断の基準」にしないためにも、心理学者や社会学者を身近に置くことが求められるのである。しかし、もちろんのことだがエリートたちに権力を与えるようないかなる政治的な計画も必然性も存在しないのである。

アメリカン・ドリームの国家的ヴァージョンも、さいわいにもこれと同じように漠然としたものである。アメリカにおける政府のあり方は、政治的な機構としては、最終的で普遍的な妥当性を持った形態だとみなされている。しかし全体としてアメリカの政府は、道徳的な魅力と模倣とによってその目的の達成を期待されているのである。時々ヒステリックな政治家たちがおり、彼らは、摂理によってわれわれに託された理想的な目的をなすためには、われわれは力を増大しなければならないし、その権力を用いなければならないと言うこともある。

アイロニーの第一の要素は、われわれの国家が、われわれが求めたのではないにもかかわらず、歴史におけるどの国よりも強大な権力を手中に治めることになったという出来事の中にある。技術は、その有効利用がアメリカの権力の基盤となっているのだが、「グローバル」な政治状況をつくり出し、そしてそのような状況においてこの権力を責任的にどう使用するかが自由世界の存続の条件となってきた。コミュニズムの「論理」によれば「内的な矛盾」によって自己破滅するはずのこの種の権力がアメリカにおいて発展して行くのをコミュニズムのエリートたちがもし見るならば、彼らは怒りを感じるに違いない。

しかしアイロニーの第二の要素は、アメリカ大陸というゆりかごの中に安らぎ、幼児のようなイノセンスの中に安全と平安を得ていた当時の比較的力のなかったアメリカよりも、強大になったアメリカの方が自らの運命の完全な支配者ではないという事実の中に横たわっている。大陸を越えてその力を拡張したその同じ強大さが、またわれわれの運命を他の多くの諸国民の運命と絡み合わせ、歴史という巨大なくもの巣に巻き込まれその中で他者の意志がわれわれの意志とはちがう斜め方向からあるいは逆方向からきて、われわれが一生懸命行こうとしていることを妨げたり対抗したりすることが避けがたく起こってくるようになった。われわれは、自ら進むべき道が「人類の幸福」を約束する道であると確信しているような場合さえも、実際には思うようには進めない。われわれの力の強大さにもかかわらずわれわれは情け容赦ない敵によって妨げられている。その敵は、もしわれわれの強情さなるものを除去できるならば万人に幸福をもたらすことが可能となるという不可能な夢に促がされた意志をもつ故に皮肉にもますます強情になり情け容赦なくなるのである。

しかしわれわれは、敵だけではなく、友人や同盟者たちよっても、実は同じような妨げを受けているのである。普遍的な善についてのわれわれの夢は、善なる生ということについて同様の概念を持っている他の国民と自発的に歩調を合わせるのには有効なものであるはずである。しかし善についての概念のみならず、利害についての概念も、それらは常に理想と交り合っておりわれわれのものと同じものだということはできない。このような状況においては、歴史的運命が人間の政策によって欺かれたり、逸らされたり、変貌させせられたりはするけれども、強制されたりすることはできないものなのだということを、この国の多くの人々が認知できないできたことは無理のないことなのである。それ故に彼らは、強情な敵に終わりをもたらすためだけではなく、われわれの希望するようにはわれわれの同盟者とはなってくれないアジアやその他の国民の煮え切らない態度を取り除こうと、（われわれが世界の中で持っている権威がそれに依存している技術力の象徴である）原子爆弾を用いるべきだと考えているのである。それにもかかわらず、全体として見るならば、われわれは一国家レベルとしては、歴史の教訓に比較的良く学んできていると言えるだろう。われわれは「知恵ある者はその知恵を誇ってはならないし、また力ある者はその力を誇ってはならない」という警告に絶えず注意を払ってきた。われわれはわれわれの力への妄想的過信に陥らないではなかったけれども、歴史的状況の中にある巨大な曖昧性をすっきりさせ、われわれの運命をきれいな論理的法則にはめ込もうとする抽象的な理論ではなく、それよりもコモン・センスの中に含まれている一種の恩寵によって救われているのである。

　興味あることだが歴史の中にあるいかなる機関ももっているそういう力の限界を無視したり、われわれの国難を軍事力の発動をもって解決しようとする者たちがわれわれの間には存在するが、そういう人々がしばしば、これまでは政治的な生における権力の問題にはほとんど無関心であったブルジョア自由主義の伝統から出ているということである。経済界の本質は、経済生活の中にある隠蔽された形の権力を取り扱って、明瞭な権力の形態の意味やその複雑さに対しては無頓着であろうとし、それどころか人間の本性としての権力欲にも無感覚であるということである。経済界は、人間の生における自己利益欲の力を十分認識しているが、この力は、一方においては賢明さによって、他方では利害競争におけるバランス感覚によって、巧妙に制約され、抑制されていると考えてもいる。経済界にとっては、権力という計量不可能なものを持つ政治の世界は、未知の世界である。経済界は、突如その経験によって、世界の出来事や危機をつきつけられると、人間の生における権力の問題を曖昧にしてきた過去のセンチメンタルな考えや立場を捨て、今ではシニシズムへと向かうという傾向にある。このことはアメリカ経済界にとって大きな誘惑となっている。なぜなら世界におけるアメリカの権威というものは、率直に言えば、この国の軍事力に依存しており、さらにこの軍事力はわれわれの経済力に裏付けされているものだからである。われわれは意識的な、あるいはある程度は意識しているような権力争いや、権力の歴史的な形態を形づくっている人種的な忠誠心、歴史的伝統、そして軍事力やイデオロギー的な希望と言ったものからなる複雑なものを見つめたり、それに参与したり、それをコントロールするというような経験を持つことがなかったので、経済的な意味での権力の使用から、軍事的な意味での権力の使用へという直接的な飛躍をなしてしまったりするである。それ故にここには、世界政治の不可解な流れの中へ、直線的にかつ短絡的にとび込んで行く巨大な商業国家がもつ政治的、道徳的な危うさが存在していると見るべきである。このような危険性にもかかわらず、われわれは忍耐と賢明さとを得てきたのであって、われわれが究極的結末と考えている方向に、歴史の過程を持っていこうとする究極的過ちを避けてきたのである。

3

もしデモクラシーの世界が、無意識にあるいはこれまで受け継いできた知恵によって、エリートたちに権力を独占させることを否定してきたとしても、デモクラシー世界は、メシア的ヴィジョンを持った人々の間にある知恵の限界を理解するという点ではそれほど賢明ではなかったし、さらに歴史的な運命をコントロールする側よりも受け手と思われる側から知恵や徳が非論理的かつ予期できないような仕方で生じることを予測するという点でも賢明ではなかった。この教訓が教えるように、アメリカの歴史の歩みは、自由主義的な夢の意味するすべてについてのアイロニックな寓話のようなものである。一八世紀には、この国のデモクラティックな徳は、「君主制」

に対する無知な信奉者や犠牲者たちの徳に比べるならば、どれ程純粋であったであろうか。これが、アメリカの実験を「人類の最後の、しかも最上の希望」として描きだした理由なのである。またこれが、この国の建国者たちは、この国の憲法をデモクラシーの真の「契約の箱」だと考えた理由なのである。

しかしヨーロッパにも「バールに膝をかがめない」人々が、アメリカというエリアが予想していた以上に何千人もいた。憎悪の的となった君主制は、ヨーロッパにおけるデモクラシーの力の勃興により、議会のコントロールのもとにおかれるようになってきた。立憲君主制と議会制との結合の中には、アメリカのような共和制におけるチェックとバランスの上に構築された組織にはないようなデモクラティックな徳が内在していることが明らかになっている。君主制はその絶対的な権力さえ摘み取ってしまえば、もともとの形態を擁護するものの、批判するものも予想できなかったような徳を持つことになることが見出されるようになった。絶対的な権力を摘み取ってしまった君主制は、ある特定の政府の中に具体化されるようなその時代の意志からは区別されて、その国に連綿と存在し続けているような意志や統一性のシンボルとなっている。他方で議会の力は、この国の扱いにくい組織よりも、国民の意志をより柔軟に反映し得るものとなっている。確かにヨーロッパのいくつかの国では、なおこのような柔軟さにふさわしい堅実さを身につけてはいない。しかし北ヨーロッパ、あるいは西ヨーロッパの小国家や、イギリスの場合には、過去の封建的な形態からデモクラシー社会への発展の中で生じた形態は、アメリカの制度と比べていかなる徳をも欠いているとは言いがたいのである。またそのような諸国家の知恵は社会のより有機的な制度に固有な、純粋なブルジュア体制の合理的な概念には欠落しているような知恵を持っている。

われわれが自らのデモクラシーとそのヨーロッパ的な形態とを比較し、後者が持っている相対的意味での長所や徳を〔今になって〕いかに評価したとしても、徳のある真のデモクラシー世界と悪徳で専制的な旧世界との対立を鋭く設定した最初の考え方が間違いであったことは明らかなことである。歴史の進歩のさまざまな道は、他の場合と同様にこの場合でも、歴史の支配者だと自認するものたちが考える以上に複雑であり、予想不可能なものなのである。歴史の過程はそれに枠を当てはめようとするような論理を拒否する。デモクラテックな夢想家《ドリーマー》たちは、コミュニズム的計画家《プランナー》たちと同じように間違っていたのである。デモクラティックな夢想家が正しいと言えるとすれば、それはデモクラシーの概念の中には、（それを完全に理解していたという意味ではないが）歴史における徳、知恵、権力の源泉や、それと取り組むべき必然性があることについての慎み深い認識が含まれている限りにおいてである。歴史の過程は、歴史におけるある特定の地点から強制されてしまうようなものはないし、ある特定な歴史の目的についての考えと一致させられるようなものではない。

今日の世界政治におけるアメリカの成功は、一方においては権力の傲りによって、他方では弱者の妬みから生じる危険性があるにもかかわらず、アメリカが他国と一緒になって共同体を設立する力をいかに持つかということにかかっているのである。このアメリカの成功は、われわれの献身の価値や理想と言ったものが、たとえそれが普遍妥当性を持つように見えるとしても、その中にそうでない諸要素があることを慎み深い仕方で認識する態度を要求する。またその成功は、たといそれがわれわれがもっているものとは異なるものであっても、他国の習慣や制度の中で妥当性を持っているものを寛大な仕方で評価する態度を要求する。言い直せば、世界政治におけるアメリカの成功は、この国の元来の夢の中にある思い上った部分を自戒することを必要としているのであり、歴史の中に予想できないような仕方で突入して来るような価値や徳、自由主義やマルクス主義の計画家たちが歴史をとらえてきた論理に背くような価値や徳を承認することを必要としているのである。

このようなアメリカの経験は、ある特定の理想によって形成されたある特定の意志のコントロールのもとに巨大な歴史の諸力を統御しようとする努力全体へのたとえ話による反駁である。これらのことは、そのルーツを主意主義と決定論との一見矛盾と見える結合の中にもっている。これらの努力は、一方では、ある特定の人の意志や精神に、この世の人や集団が持ち得ないような力や純粋性を与えようとする点で過度に主意主義的である。他方で、すべての人間を単に歴史過程の中の被造物と見なすという点では過度に決定論的なのである。時には歴史のプロセスが、人間が単にそのプロセスの道具であり果実であるような純粋に自然的なプロセスだと見なされる。しかし一般的にはある集団がこの歴史のプロセスをコントロールし管理するような知恵を持っているのだと考えられている。コミュニズムにおいては明示的であり、デモクラシーのある種の理論においては暗示的な仕方であるが、エリート理論の根底にある過度の主意主義は過度の決定論の促進によるものであって、実は、あらゆる人間は既に決定されている人生の目的を持っている被造物に過ぎないと仮定し、この被造物の「反社会的」な傾向は生物的な要素がなお残っていることから来る衝動や、遺伝によるものなのであり、もし的確な社会学者や心理学によるならば、それを克服することができ、「社会的に容認し得る」ような目的に「導き直す」ことが可能であると考えているのである。

特にアメリカにおいて広まっているこのようなナイーヴな確信は、たとえば『サイエンス』誌への投書の中に簡潔に言い表されている。「もし人間が科学的な方法を使って、原子を理解し、コントロールすることができるようになったのだとすれば、人間はそれと同じ方法を用いて人間集団のパターンを学び、コントロールする見込みが十分にあり得る。……もしも物理学に原子爆弾の開発のために与えられたような援助が試みられるとするならば、自然科学が（平和を維持するための）技術を提供することができるという考え方は、高い蓋然性を持っている」[注3]。

（3） Leslie A. White, *The Science of Culture*, p. 342 からの引用。

この種の確信の古典的な表現はジョン・デューイの哲学の中に見出すことができるものであって、社会学や心理学と言った学問分野にも広がっているものである[注4]。この歴史観全体の根底に横たわるのは、歴史の領域と自然の領域との違いはごくわずかだという仮説である。「このような歴史観をとることによって」、歴史のプロセスの一部である行為者としての人間が同時にこの歴史の被造物でもあるという事実から人間の歴史の中に発生するさまざまな複雑な状況は見えにくくなる。歴史の中にある行為者《エイジェント》でありまた歴史の被造物《クリーチアー》でもあるという人間の歴史的性格が「そこでは」認められていないのである。

（4） しかしこの学問分野においてはどの程度であれ意見の一致を要求することは不条理なことである。なぜならしばしば過度の決定論者と過度の主意主義者との間では論争が荒れ狂っているからである。近年、現代文明の研究という舞台に登場するようになった人類学は、文化決定論のひとつの強力な学派であり、彼らは主意主義者たちを批判しているのである。決定論者は、人間が文化によって生み出されるものであることを認識しているが、人間はそれと同時に文化の創造者でもあることを見逃している。それ故に文化決定論は、心理学者たちの過度な主意主義を楽しんで批判するであろう。ホワイトは『文化の科学』（*The Science of Culture*）という書においてゴードン・オルポート教授の次のような言葉を引用している。「アメリカ合衆国は原子爆弾の開発費に二〇億ドルを使った。それでは『それをコントロールするために同様の費用を使うということに何の不条理があるか』と問う」。この議論は明らかに、人間の意志や欲求のぶつかり合う広大かつ複雑なプロセスが十分な資金をその企画に注ぎ込めばコントロールできるという前提に立っている。

ホワイトはこのような見解は不健全だと考えたのであるが、実は彼自身も同じように不健全な見解によってこれに対抗しようとしたのである。すなわち「戦争とは、要するに国家という社会的有機体の間に起こる生存をかけての闘争であり、豊かな平野や石炭、石油や鉄などの大地の埋蔵物の所有と使用のための闘争なのである。どれほど理解力が増大したとしても、闘争のこのような前提を変えたり除去したりすることはできないのであり、それは、いくら海の満ち干のシステムを理解できたとしても、潮の流れを減少させたり、それを変更させたりすることができないのと同じである」(Leslie A.White, *The Science of Culture*, p. 343)。

たしかに「社会の有機体間の闘争」を超越するほどに純粋、そしてその闘争を終結させるほどに強力な知性《マインド》を具備したエリート集団が存在し得るかどうか、その可能性を一方は認め、他方は認めない限り、このふたつの理論の間には絶対的な対立が残るだろう。

しかし歴史のプロセスを自然のプロセスとの類似関係とみなそうとする点では両者は多くの共通点を持っているということになる。歴史上の戦争は、「海洋の潮の満ち干」とまったく同じであると考えられているのである。そしてまた人間が原子爆弾の危機について考えることは、その爆弾を作り出す物質的力をコントロールすることと同じようにみなされるのである。

歴史的な被造物である人間は決して純粋かつ公平な知性の持ち主ではないし、人間がみずからの「価値」や「社会的に容認された目標」を普遍的妥当性をもっているものと考え、それらをもって歴史の運命を先取りして支配したり操作したりすることができると思い込んでいるが、それらは彼らが思い込んでいる程に普遍妥当性を持っているものでもない。このことは、無私なプロレタリアートの教師とされているコミュニズムの寡頭政治家たちにあてはまることである。彼らは自らの権力欲が見えないだけではなくて、既得権を取り上げられた人々の視点やロシアという国家の特別な利害についても見る目を持っていないし、またそれと同様に自らの立場の純粋さを汚すさまざまな歴史的な偶然性を見る目も持っていないのである。しかし同様のことは、アメリカやメシア的な幻想を持った他の国家にもあてはまることである。そしてこのことは、とりわけ自然科学的中立性を歴史的な価値領域にも適応できると考えている多くの現代の社会科学者や心理学者、そして人類学者にもあてはまることである。このような学者たちが忘れていることは、人間は歴史のプロセスからの何らかの自由を持ってはいるが、依然としてその中に巻き込まれてしまっている、ということである。彼らの中でひとりとして、その個人的な形であれ、集団的な形であれ、複雑な「自己」（self）について、深く考えた者はいない。この自己が理性（reason）を持っているのである、その理性は、自然科学者たちの言うような「純粋な」理性というものであるよりは、不信、恐怖、希望そして野心をもつ精神〔あるいは霊（spirit）〕としての自己や自然的有機体としての自己の要求と直接的には結び付いているものなのである。なぜなら科学者たちが見ている自然の諸力というのは本質的には自我の希望や恐怖にチャレンジするようなものではないからである。(注5)

（5）　ウィンストン・チャーチルは一九四九年三月三〇日に、マサチューセッツ工科大学の学長就任式で、「先ほど人文学部長は、『科学的な能力が人間の思想を正確にコントロールするような日が近付いている』と畏敬をもって語ったが、わたしはそのようなことが起こる前に死ぬことができることに満足している」と語った。

もし誰かが自己の「集団的な形」について語ろうとする場合、その人は一つの人間的共同体が「パーソナリティー」を持ち得るのだろうかという、結着のつかない論争に入る必要はないのである。というのは人間共同体は、政府という未発達な意志器官を持っているとしても、自己超越という唯一無二の器官を持っていないことは明瞭だからである。それにもかかわらず、人間社会は、自己を越えて行くための、また自己の行動を見つめ、正すための、そして歴史の変遷の中で、なおも歴史の連続性を人間社会に与えるような、歴史の過程を意味付ける能力を持っているものである。それに対する評価は、ある単一の理性によってなされるというよりは、競合する「理性」や思想上の「学派」によってなされるものであって、すべての国家や他の社会は何であるかとか何であるべきかとかについてのはてしない論争に巻き込まれているのである。ところでこの議論は集団的自己とそれとは異なるより内的統合をもつ個人的自己とを鋭く区別するのであるが、そのような議論ですら個人的生の中にいろいろなアナロジーをもつものである。というのは、個人もまた、自己の希望や目標の正当性や、過去における徳や悪徳に関する内なる対話に絶えず巻き込まれているからである。そしてこのような対話の中での後悔や自己満足、達成の誇りと不十分への不満の交代は、社会におけるムードの交代とそれほど異なってはいないからである。

少なくとも、歴史的な出会いの領域での思想や行為における重要な単位は、理性（mind）ではなくて、自己（self）なのである。この自己とは、理性的なもの、感情的なもの、意志的なものの有機的な結合物であって、これらの諸要素が、自己の行動や態度を、ある瞬間の思想や行動において実現されているというよりは歴史的にもっと相対的なものにするのである。相対性と普遍性の間でこのような混乱が生じることとの不可避性は、まさしく原罪によって意味されていることである。社会のプロセスをコントロールしようとする人々の理性の中に、原罪というリアリティがあることを拒否してきたことが、残忍さと混乱とを生じさせてきたのである。このような原罪の否定は、エリートたちが自ら思い込んでいるような権力を得たような場合には、残忍さを生じさせることになったし、またエリートたちが漠然と権力を得たいと考えていたような時には、混乱を生じさせることになったのである。

しかし、もし歴史的な運命のコントロールを欲する理性や意志が、その言葉の一つの意味から理解されるよりももっと「歴史的」なものであるとすれば、コントロールされ管理されるはずの生命も人間も、力も感情も、そして希望も恐怖も、別な意味で「歴史的」であると言える。なぜなら歴史的被造物としての人間は、非決定の次元（indeterminate dimension）を欲するからである。純朴な農民であっても、彼に固有の人間的な自由は、自然の直接的な必然性を変化させるのである。この自由が、彼の行為に手ごわい頑強さを与え、最終的には彼を「コントロールできないもの」にしてしまう。この自由が、自然の必然性をすべて〔必然性によって〕決定されることをきらう野心（indeterminate ambitions）へ変換するのである。伝統的社会はこの野心を限界内に抑えることにおいて近代社会よりももっと成功的だった。しかしこの野心が、デモクラティックなアイデアリストや、コミュニズム的なアイデアリストにとってのユートピアである単純な社会の調和をたえず阻止するようにもなるのである。このユニークな自由こそ人間の破壊性と創造性の根源である。歴史のプロセスをコントロールしようとする努力は、多くの場合には、この破壊性で創造性を破壊をすることになるのである。(注6)

（6） あるナイーヴな心理学者のユートピア論（B. F. Skinner, *Walden II*）において、われわれは、過度の野心や嫉妬すべてから解放され、完全に調和した生活のための条件をみたした六百人から成る理想的社会のヴィジョンを呈示されている。この心理学者自身がこのような社会をつくり出したのだが、彼は、この調和的社会を構成する個々人の発達を「管理《マネージ》」したことを認めており、したがって彼は今日の悪名高き独裁者《ディクテイター》と類似性があることを認めているのである。しかしこの心理学者は彼自身と独裁者との間にはある大きな違いがあると感じている。というのは、この心理学者は自分がしてきたことはその共同体の善のためにしてきたことであると思っているからである。ところでこのような社会には、破壊的な憎しみが存在しないが、それと同じように人間性の要素としての英雄的なのも高貴なものも欠除しているのである。

人間の攻撃性の根源を揚出すること、フラストレーションがいかに人種的な偏見に起因するものであるかを判定すること、あるいは至るところ生じている「社会的な緊張」原因を研究すること、これらのことに現代の知識人たちが大へんな努力をしていることはきわめてアイロニックなことである。なぜならこのような努力すべては、次のような仮定に基づいているからである。つまり不安とか「反社会的」傾向とか「非合理的」行動などが彼らの特殊なテクニックに服するであろうという仮定のもとで彼らがそれらの測定可能な諸形式を主として取り扱っているからである。その間に世界は、人間の特徴的な歴史性の退落態を代表するような一種のマニアと直面させられている。コミュニズムはメシアニズムと権力欲との混合である。この種のメシアニズムは、時間の変転と危険との中にあってなお究極的なものを求めようとする人間的探求の堕落形態を表している。そして権力への欲望は、自然界における本能的なサバイバル衝動と入り交った精神的要素との混合から生じるものである。この混合におけるどちらの要素も人間の本性についてのコミュニズムの理論によっても、またそれからわれわれを救おうとする「自由主義者」の理論によっても測定することができないようなものである。

人間の攻撃性の根源の問題についてのさまざまな入念な理論が提示されている。人類学者特有の好みが攻撃性の起源を発見するために注目したことは、幼児期のトイレット・トレーニングや、幼児に対して母親がどのようなおむつの当て方をしたのかということである。(注7) ドイツや日本、そしてロシアの国民に関して言えば、これらの国の伝統的な幼児訓練の中に、これらの国の攻撃的な行為の秘密があると分析されているのである。しかし興味深いことに、集団的な攻撃性に関しては、それは個人的な攻撃性の結合によるものなのかどうか、また指導者の攻撃性を養うような特例的な従順さを個々人が持っていることの結果なのかどうかということについては明瞭な判断はなされていないのである。

（7） Geoffrey Gorer and John Rickman, *The People of Great Russia*, Ruth Benedict, "Child Rearing in Certain European Countries," in: *American Journal of Orthopsychiatry*, 1949

WHO（世界保健機構）の議長でもある著名な心理学者によれば、人間の攻撃性は「われわれがあまり早く文明化《シヴイライズ》されている」こと、つまりわれわれが「人間の自然的衝動を悪」とみなすことに起因するというのである。そのことの故に、われわれは「自己を信頼するのではなく、嫌悪し」、この自己嫌悪から「他人への攻撃的な感情」が生じてくることになるのである。この種の攻撃性は、もし母親クリニックが創設され、そこで母親たちに「赤ちゃんは批判を含まない愛を必要としている。欲しているのではないその愛は赤ちゃんの行動によって示されるのではない、全く無条件に示される愛を必要としている」ということを教えるならばたやすく癒されるものなのである。このような愛情は「帰属」感情をつくり出し、それが「発達段階で、家族、友人、市民同士へと拡大され、世界が小さくなった今日では、もはや愛情を国境内に留めておくことができなくなる」。われわれは「国境を越えていく感情の成長するような多くの国民」を必要としているのであり、そのためには「批判を含まない愛情」、また「『罪の自覚』から自由になる」[注8]ということを強調せねばならないというのである。

（8）Brock Chisholm, "Social Responsibility", in: *Science*, 14, 1, 1949

しかしこの考え方では、ブロック・シゾルムが嫌悪感を抱いてきた〔キリスト教の〕教義をかなり前から否定してきた自由主義の文化もマルクス主義の文化も、ともにいかに巨大な「攻撃性」を生み出してきたかということを説明できないであろう。

この国の現代の賢人たちのこのような文献を検討することで、これらの知恵の思い上がりの結果として知恵の粗悪化というアイロニーを読者に印象付けることにならざるを得ない。人間の真の憧憬の中にまた人間の途方もない野心の中にそのどちらにも〔見出される人間の〕現実的に歴史的なものがみな曖昧にされている。そしてこのようなきびしい批判は、このような方法では測定できないような人間の魂の深みから、またわれわれの解放者たちのそれを驚くほど似通った錯誤から由来してくる脅威に直面している間は、とどまることはない。

現代の賢人たちは、時として、歴史的現実世界から、「自然的本能」に基づいた夢想世界へと論理抜きに飛躍することがある。その証拠に、バートランド・ラッセルは彼の初期の平和主義を否定し、アメリカはロシアに対して原子爆弾を用いることにそれほど潔癖である必要はないと語るのであるが、他方別の発想をもって、われわれの軍事予算が「長年の訓練や自然淘汰によって人間の本性の中に植えつけられた意識によってたてられている」というようなことを考えたりもするのである。(注9)

(9) バートランド・ラッセルは彼の論文「自然の現代的な支配」("The Modern Mastery of Nature", in:*Listener*, 1951, p. 5) の中で、次のように述べた。「ある国では人口の増加から得られる余分の富を、その国は福祉のためにはほんのわずかしか用いようとしない。それどころかその大部分は人々を殺すことに用いられている。アメリカ合衆国政府は来年は全生産高の二〇%が軍備のために用いられると発表した」。ラッセル氏があげた事実は反論の余地はない。しかし彼が「アメリカの人民は「長年にわたる訓練と自然淘汰によって人間本性の中に組み入れられた衝動」によって目が見えなくなったために、この大へんな重荷を負わされるようになったという考えは、むしろナイーヴなものであり、とくにラッセル氏の言う、われわれはコミュニズムに対して武装せねばならない、原爆に対してもあまり潔癖すぎてはならないという確実に照して見て、ナイーヴなものである。

「合理的に秩序付けられた」歴史のプロセスというコミュニズムにも自由主義にも存在する夢の本当の困難さは、現代人に、歴史というドラマが、人間が把握しコントロールしようとするにはあまりにも巨大な舞台の上で演じられているのだという事実を受け入れる謙虚さが欠落しているということに起因しているのではないだろうか。歴史とは、その中で歴史の断片的な意味が、神秘薄明の中に見出されるようなドラマであり、義務や責任をわれわれの力を越えた巨大な蜘の巣のような諸関係中で果たされるようなドラマである。

生の健全性のため要求されることは、そのような神秘への何らかの手がかりをもつことであり、そのことによって生の意味領域を簡単に解明可能な自然の過程へと還元しないことである。しかしその手がかりは信仰によってとらえられるようなものであって、それを現代人は失ってしまったのである。そのために人間は自然の中に発見し得る「理性」〔的な法則〕に従ってしまったり、自らが自然に対して発揮し得る「理性」〔的な行為〕に従ってしまったりするのである。いずれの理性の形態も、歴史のドラマの中に生じる論理的ではなく矛盾した要素を把捉したり、予測できないような徳や悪徳の出現を先取りしたりするためには適当ではないのである。どちらにしても人間は歴史というドラマの観望者《スペクテーター》として、また歴史の形成者《マネージャー》として、彼が見ている歴史のドラマから事実以上により自由であると想像している。また人間は歴史的な被造物として、自然の被造物へとあまりにも単純に還元されてしまい、人間がもっている究極的なものとの接触がすべて破壊されるのである。

第五章　ドグマに対する経験の勝利

1

もしも世界的な権力、それがもつ責任とそれに付随する罪、その権力の挫折と限界の発見という今日のアメリカの諸経験が、自由主義時代におけるもっとも重要なヴィジョンのいくつかに対するアイロニックな反駁となっているとすれば、アメリカにおける国内政治の経験は、成功のもつアイロニックな形を代表している。確かに正義の確立や国内平和の確保という点でのわれわれの成功は、ブルジョア文化のもつ特徴的な考えをはるかに超えている。しばしばわれわれの成功は、商業社会を特徴付けている社会的信条を破り背くような社会的、政治的政策の帰結と言うべきものでもある。この点ではフランス革命の抽象的な合理主義に反対するような歴史的経験に由来する知恵の偉大な代表者エドマンド・バークに栄誉が帰されるべきであるが、アメリカは政治経済の問題にプラグマティックなアプローチを発展させてきた。

マルクス主義はブルジョア世界に対して二つの点で闘争を行っている。すなわちひとつにはマルクス主義は、デモクラティックで工業的な世界との闘争の中で、衰退しつつある農業文明の人々の闘争信条となった。もうひとつは、マルクス主義のいう議会制度諸形態は、工業国家の労働者政党に、資本や工業のもつ経済的政治的な権力と戦うように教えた。マルクス主義とデモクラティックな世界との間の国際的な闘争の中で、自由国家の同盟諸国の最強の国であるアメリカが、その態度においてもっとも首尾一貫ブルジョア的であるということはイデオロギー的な闘争という点からすれば不幸なことである。それ故にコミュニストたちのプロパガンダは、アメリカを資本主義的帝国主義としてアジア世界に反アメリカの偏見をかきたてるということにも見られるように、不当な有利さを与えることになっている。驚くべき偏見に満ちた見方に明らかなように、大変有利にそれはなされているのである。アジアの古い遺恨と、アジアにとって新しい発見であるコミュニズム的な信条によれば、アメリカは定義によって「帝国主義的」なのであり、アメリカの成功とその権力こそ告発されるべきものとされたのであった。

他方、アメリカは、マルクス主義とブルジョア・イデオロギーとの間の闘争において西洋文明の領域や、それらの諸国の国内政治においては、それとは違った役割を演じている。われわれはもっとも一貫したブルジョア国家であると言えるかもしれない。しかしわれわれは、それがマイルドであるか、害毒を及ぼす程度のものであるかは別としても、この国の社会にマルクス主義の運動が発生することを防いできたという意味では、この国に正義を確立してきたと言えるかも知れないのである。このようなことが出来たのは、おそらくわが国の恵まれた環境に大いに依存していると言えるであろう。なぜならこの国の天然資源の豊富さや経済の大陸全体にわたっての統一、そして技術の革新は、先に述べたように、アメリカにおける社会的な闘争の厳しさを緩和させることができたからである。

しかしこのような状況が生み出されたことにはさらにもっと別な理由がある。マルクス主義とブルジョア世界との間の闘争は、二つのイデオロギー論争であって、それぞれのイデオロギーは、どちらも部分的な真理を前提として、それぞれの側が一定の結論に向かって確信をもって進んで行こうとしている。マルクス主義は自由主義的・ブルジョア的な信条の誤りを見出した人々の確信の表現であるために、政治的な信条としてはなかなか手強いものである。しかし逆にマルクス主義は、ほとんどの場合一貫して、それが挑戦しようとしている自由主義的・ブルジョア的な信条の誤りにもまさる誤りを犯しているので非常に危険なものである。このような誤りと誤りとの間の論争において、また部分的な真理同士の論争において、アメリカは理論的には、一貫してブルジョア側の信条に立たされてきたのである。しかし実際にはアメリカは社会的諸機構においては権力のバランス化に成功し、それによって正義を確立することが出来ており、そのことがマルクス主義の批判からとげを抜いてしまったのである。アメリカ人ほど、熱心に人生の究極的な目的としての自由を謳い上げる国民はいないであろう。しかし実際にはそれと同時にアメリカ人はエドムント・バークの次のような警告に注意を払ってきたのである。「それ故に私は、フランスの新しい自由に対して祝辞を述べることにためらいを感じているのである。私が祝辞を述べるとしたら、それは私が、その自由がいかに政治制度の中で生かされ、またいかに公共的な力となり、いかに軍隊の規律や服従の中で生かされているかを確認し、さらにいかに効果的にまた適切な課税の中に場所を持ち、いかに道徳や宗教と適切に関連し合い、いかに財産の保護や平和と秩序と関係付けられているかを知らされてからであろう。……自由は、人間が共同体として行動する時、力となる。思慮深い人々は、自らの態度を表明する前に、権力がいかに用いられているかについてよく観察すべきであろう(注1)」。

(1) Edmund Burke, *Reflections on the French Revolution*, Ch. 1を参照のこと。

イギリスは最近に至るまでプラグマティックな政治の本場であった。そこにおいては「自由は先例から先例へと拡大され」てきたのである。そこでは秩序と自由の複雑な関係が理解されていたので、社会政策は一貫したドグマによってではなく、経験によって教えられることによって、その場面その場面に応じて、点から点へと動いてきたのである。それ故に、イギリスでは秩序のために自由を、自由のために秩序をあまり大きく犠牲にするようなことを避けることができたのである。イギリス人はなお経験的な処理方法についての能力を失ってはいない。しかしアメリカは、イギリスが達成したところをいくつかの点でさらに越えてきたと言うことができるかもしれない。というのはアメリカは一貫したドグマが生れてくるのを阻止するようなさまざまな保障を、イギリスよりももっと多く与えられてきたからである。アメリカの恵まれた状況は、マルクス主義の信条に体現されている真理性を何もかも一概に拒否してしまう誘惑にさらされるかも知れない。ところが、イギリスの労働運動は、幻滅に直面するごとに、マルクス主義をますます徹底して適用しようとする傾向を持つようになった。

2

マルクス主義と自由社会との間の論争における非常に重要ないくつかの論点について考察する

ことは、理論的には論争の一方の側にふつう首尾一貫して立つのだが、実際的にはしばしば創造的なジンテーゼに至ることがよくあるアメリカの社会政策のパラドクスを事実上説明することになるであろう。ブルジョア社会は社会的な調和の達成はかなり単純なことだと考えている。すなわち経済活動における妥当性を失った政治的規制を緩和することこそ重要なことだと考え、そうすれば「無理《ナチュラル》なき自由のシステム」が得られると考えている。またブルジョア社会は、それぞれの自己利益は、他の人々の自己利益によってチェックされ、またそれによってバランスをとるようになると信じている。そしてもしこのようなチェックが完全でない場合には、自己利益と共同体の利益とが一致できる点をいかに見出し得るかということを知っている「啓発された(enlightened)自己利益」が、一応その不完全さを補うであろうと考えてきたのである。アメリカにおいてこのような社会的な調和の可能性に対する冷静な自信が生じたことの理由は、商業文化の具体的な成功と、このような商業文化もち前の幻想によるものであろう。このような成功が発見したことは、人間は「慈善心」よりは「自己利益」によって、この複雑な社会の中で相互サービスという巨大なシステムに組み込まれる可能性があるという事実である。すなわち靴屋は靴を、農家は小麦を、テーラーは衣服をつくり、それぞれの生産物を交換し合うのである。それぞれこの交換によって利益を得るのである。それ故に労働の専門分化は、それぞれの仕事の能率を改良することになる。それぞれは自らの利益を、いやむしろ家族の利益を求める。しかし同時にそれぞれは、自分たちの仕事はこのシステムの中で他の人々のためにも役立つはずだとも考えているのである。古典派経済学によるこのようなシステムの発見の中には、「自由市場」という形態がデモクラシーにとって本質的なものであるかぎり、それは自由社会にとっての恒久的な宝物でもありつづけるという真理の要素が存在している。そうでなければ、官僚的・政治的な決定による経済プロセスのコントロールとなる。しかしこのようなコントロールは、過度に徹底させようとすると、政治的な権力と経済的な権力とを結合させてしまう危険性をいつでもはらんでいる。

他方で、自由社会は、彼らが夢見たような意味での完全な調和には達することはできなかった。その原因は、自由社会は自由経済の相互作用を過大評価し過ぎてしまったし、また自由社会が社会におけるあらゆる衝突を経済競争と同一視してしまったからである。自由社会が市場の相互作用を過度に評価することになるのは、社会における権力の多様性に気付かず、また、人間の経済生活における力の不均衡にも気付かずにいたからである。権力とは、典型的なブルジョアの見方からすれば、政治的なものである。そしてブルジョアたちが信じていることは、この種の権力は最小限にまで減少すべきだということなのである。初期のブルジョアたちは政治的な権力を除去することを求めた。なぜなら権力こそがブルジョアと対立する古い貴族の特権的な利益を代弁するものだったからである。現代のブルジョアたちもまた権力を最小限度に減少させようとしている。なぜなら権力こそが、経済力の不均衡をコントロールしようとするデモクラシー社会の努力をあらわしているからである。初期から後期へのブルジョアたちのモティーフの変化の中には自由主義のドグマの不可避な堕落があったのである。マルクス主義はこのドグマを攻撃した。とりわけ自由主義のドグマの後期の形態は批判しやすかったのである。

市場の相互作用があまりにも簡単に共同体における社会的調和と同一視されたことの原因は、自己利益の問題が経済的なモティーフに限定されてしまっていたからである。「経済人」というような誤った抽象的な表現はブルジョア的自由主義的イデオロギーの永続的欠点である。そのような見方をする彼らは、おそらく、トーマス・ホッブスの言うような、人間的事柄における「名誉と威厳との耐えざる競争」ということについては何も知らないようである。またそれは、経済的な合理主義の首尾一貫性を制約する伝統的、人種的、そして文化的な忠節についての理解を欠いている。またそれは「権力と栄光」とを欲する人間の心《プシケー》の、深く複雑なモティーフを理解していないのである。典型的なブルジョア的エートスにとって、市場という場においては記録されないような人間の情熱や野心、そして憎悪や愛情、また妬みや理想と言ったあらゆるものを含んでいる人間社会のさまざまな闘争などは、その理解能力の及ばない彼方のことなのである。

このことは、信条や確信によっては予想することのできないような社会的な現実が生じてくるということを意味しているのである。強者は弱者に対して優位に立とうとするであろうし、実際そうしてきた。われわれはそれを阻止するほど賢明で強い思慮深さを所持してはいなかった。初期の工業主義は、貧者たちの立場をよりよい状態へと変化させるよりは、むしろ彼らの状況をより深刻なものとしてしまった。そのことは確かに工業主義が伝統的な社会の中に存在していた権力のアンバランスをより深化させてしまったということと全く同じである。理性とは、自由主義的信条によれば、常に自己利益と他者利益との一致点を求めるはずであったが、一度もこのような仕方で機能することは不可能であった。むしろそれはトーマス・ホッブスが考えたような理性の機能と合致するものであった。理性は、社会に対して要求する立場からは理性的なものと見えるが、共同体の立場から〔理性的ではない〕度外れなものと思われるようないろいろな要求を共同体にするものだというのである。

マルクス主義者のチャレンジはこのような社会的現実の中で起こったことなのである。ブルジョア社会が実現されたあるは実現可能だと考えた社会的調和の構図の代わりに、マルクス主義は、人類全歴史を貫きそのクライマックスとしてその「自然本源的自由」の体系に潜在する社会的調和を創出すると彼らの言う社会に達するまでの階級闘争の理念を提示するのである。マルクス主義は、生における権力の要素を、自由主義よりも重視しているが、彼らは権力の所在を認識するという点においては自由主義以上に大きな誤認をしたと言ってよい。マルクス主義の考えにおいては、政治的な権力は、常に経済的な権力に従属し、その手段となっている。政府は常にダミーのようなみせかけに過ぎないということになる。それは有産階級の常任委員会に過ぎないというのである。このような判断は、経済的な権力が存在することを隠蔽しようとする自由主義以上に大きな誤りである。

しかしマルクス主義にはさらにもうひとつの大きな誤りがある。すなわちマルクス主義は経済的な権力を単に所有の問題に帰すことで、経営者や市場を操作するような力を隠蔽してしまっているということである。このような誤謬の結果は、徹底したマルクス主義において、社会の経済的な権力と政治的な権力とが結合し、過度な権力の集中に対して何のコントロールもなされないような寡頭政治の成立を許してしまったことである。マルクス主義の理論によれば、財産を所有するものは存在しないのであるから、コントロールは必要ないということになる。所有は、権力および自己利益双方の唯一の源泉であるが、自己利益は権力を用いて共同体の福祉に反するように促すものである。

歴史のプロセスは、自由社会ではなくマルクス主義を選択することが、自由社会を選択した場合よりも、ひどい誤りを犯すものであるということを十分に証明してきた。それにもかかわらず、自由主義社会の幻想と誤算がラディカルに是正されないならば、現代の技術社会における巨大な権力集中や過度な競争に抗して、正義を確立するのは可能なことではない。

アメリカの政治理論が一般に自由主義的な信条と一致する傾向を持っているとしても、実際にはこのような是正は、アメリカの具体的な政治的実践の中で実際に生じてきた。初期のアメリカ文化の中にリアリスティックな理論が欠けていたわけではなかった。われわれは既にアメリカの伝統におけるカルヴィニズムとジェファソン主義という二つの思想系統を考察した。社会に潜在する利害と権力の闘争をどう解決するかという問題について、人間の動機や欲求の解釈におけるキリスト教的リアリズムと、ジェファソン的な自由への熱情とを結びつけたのは、ジェイムズ・マディソンによって完璧な仕方で表現された思想系統であった。マディソンとジェファソンとはどちらもヴァージニアの人であったが、自由への共通の熱情をもっていたため、彼らが互いにこの問題について厳密に論じることはなかった。それ故にマディソンとジェファソンとの違いは、両者の往復書簡によってよりも、アダムズとジェファソンとの往復書簡によって明らかになる。そしてその違いは、ジェファソンもマディソンもそれぞれの仕方で影響を与えた独立宣言と合衆国憲法における両者の前提の違いに象徴されていることである。

ジェファソン、そしてトム・ペインをも含む彼のグループが抱いていた夢は、政府が個人の経済的な野心にはできるだけ干渉することなく、しかも調和のある社会というものであった。彼らはそのような野心は穏やかなものであると自負していた。そして隣人の野心との摩擦なしに、個々の野心を満足させることは、新大陸の広大さがそれを保障すると考えていた。個々の人間が人間に服従しなければならないというような構造は、この広い大陸で工業ではなく農業を重視するという単純な政策によって回避することができると考えていたのである。ジェファソンが考えていた理想の社会は、人間は自然に「労働をまじえる」、そしてその果実を彼自身の合法的な所有として要求し得るというジョン・ロックの考えと完全に一致するものである。

マディソンもジェファソンと同じように、一方で政府が潜在的に専制的であることを恐れていた。しかしマディソンは他方で政府の必要性についてももっともよく理解していたと言えるであろう。憲法は政治組織を弱体化させることよりも、権力のバランスの原則を政治制度の中に導入することで、権力の濫用から市民を保護しようとしたのである。このような考えは、カルヴァンの彼の『キリスト教綱要』(注2)の中に暗示されており、マディソンのプリンストン大学時代(当時はまだニュージャージー・カレッジと呼ばれていた)の恩師であるジョン・ウィザスプーンの教示を介してとり入れられたものと思われる。この行政、立法、司法の機能のバランスが実際には権力の濫用を阻止するための最良の方法であるかどうかということはこのコンテキストとは関わりがない問いである。ヨーロッパのデモクラシー国家はこの同じ目的を達成するために別の方法を見出した。そして彼らの方法では共同体の三つの支配権力相互間にフラストレーションをひき起す結果になるということはあり得ないと思われる。しかしいずれにしても、ここでは強力な政府が必要とされていることが重要なのである。マディソンは彼が共同体における「党派性」(faction)と呼んだことの危険性についてはジェファソンよりも、よく認識していたと言ってよい。彼はこの種の争いが、単なる賢明さだけで解決し得るなどというような希望は持たなかった。ジェファソンはいつの時代のリアリストとも同じように、人間の理性が密接に利害と結びついていることを知っていた。それ故に彼は書いている。「人間の理性と自己愛とが相互に何らかの関係を持っている以上、人間の意見《オピニオン》と感情《パッション》にも何らかの相互的な影響関係が存在している」(注3)。マディソンは財産所有の不均衡が政治的、社会的な争いの主たる要因であることを見抜いていた点ではマルクスを先取りしていた。それ故に彼は次のように述べている。「党派性のもっとも一般的な源泉とは、財産の不平等な配分である」。マディソンはこの不平等は個々の市民の個別な能力の帰結であると考えた。彼が連邦(federal union—契約的統一)の必要性を主張するもっとも説得力ある根拠は、小さな共同体にもある問題が、広大な共同体においては利害や感情が拡散されてその政治闘争は荒々しいものとなりそれを防ぐことができなくなるということであった。アメリカでの政党の発達は、利害は国家的には組織され得ないのだという確信を部分的には反駁したことになる。しかし実際には、アメリカの二大政党によって組織される利害関係は、政党が明確なイデオロギーの手段となるようなことを妨げるほどに相互に異なったものであった。そのような意味では、歴史は部分的にはマディソンの確信の正しさを証明するものであったと言ってよいであろう。

（2）ジャン・カルヴァンは次のように述べている。「そのようなわけで、人間には悪徳、あるいは欠陥があり、そのために、多くの人間が政治をするようにしたほうがより安全であり、より忍びやすいのである。すなわち、それらのものが互いに助け合い、教え合い、いましめ合って、もし不当に高ぶる人がいたならば、彼らの貪欲に対して、多くの監視人や教師がよってたかって、これを引きとめることになるのである」（*Institutes*, IV, 20, 8. 訳は渡辺信夫訳による）。

（3）*The Federalist*, 104

いずれにしても、合衆国憲法の根底にある政治哲学は、どのような共同体にも潜在的な権力的感情的闘争を鋭く認識しているところにその特徴がある。この政治哲学は、自由市場のもっている相互作用に類比するような簡単な調和なるものは、社会には全然ないことを知っているのである。

われわれの政治的な経験は、初期に明白に表明された形態と常に意識的な関係を持つことなく、このような知恵を拡大してきた。アメリカの労働運動はヨーロッパにおける労働者たちが持ったような反抗的なイデオロギーという武器を持つことはなかったのである。アメリカの労働運動はその初期においては、マルクス主義的な革命の定式を批判しただけではなく、さまざまな政治的なプログラムをも否定したのである。アメリカの労働運動とは技術社会における組織化された権力に対して、組織化された力を持つ必要性から生じてきたプラグマティックな運動であった。やがて彼らは、経済的な権力が、自らの目的のために政治的な権力を歪曲させているという事実に気づくようになったのである。それ故に彼らは、政治的な権力と経済的な権力との結びつきという現実を前にして、彼らもまたそれと結びつくことで、これらの権力に対抗しようとしたのであった。このような結合はきわめて最近起ったことであるが、その発展もきわめて急速なものであった。

当然のことだが、ブルジョア社会がもつ「半ば公的」（"semi-official"）な信条は、われわれの憲法を形づくる哲学とはちがうものであり、このような〔労働運動の〕発展に対抗して立てられたものであった。団体交渉権は、雇用者の側における自由な雇用や解雇する権利の侵害であると主張された。労働運動に向けられた最高裁判所の判例決は、一般に受け入れられている個人主義的な信条に従うものであった。しかし究極的には「ドゥーリー氏」の言葉を用いて言うならば、判決は「選挙の結果に従った」のである。(注4)「ニュー・ディール政策」がアメリカの政治生活の風潮を根本的に変えてしまうよりもずっと前から、政府のもつ最高権は、財源の問題だけではなく、社会政策をも含む税法の実施に発動された。産業界における権力の集中化は法的に排除されたし、公益事業の必要な独占は政治的なコントロールのもとにおかれ、自由市場の運営になじまない社会福祉、各種保障、保健その他の価値ある事柄は、政治政策によって確保された。これらあらゆることは、純粋にプラグマティックな発想という基盤の上になされてきたのであって、ヨーロッパの労働運動のようなイデオロギーを持つ必要がなかったのである。

（4）ところで一九世紀と二〇世紀のちょうど境目に、最高裁判所の下した判決のひとつは次のように述べている。「雇用者は、被雇用者が組合員であることの故に彼の仕事を止めさせることは、憲法で認められた権利である」。また最高裁判所の他の判決では次のようにも述べている。「雇用の際にその組合に加盟しないようにあらかじめ同意させておくことで、憲法で認められた自由を部分的に放棄することにはならない」。

アメリカのデモクラシーが福祉的な国家へと急速に発展することができたのは、イデオロギー的な闘争がそれほど激しくなかったことによる。しかし実際にはそれがあまりにも急速に発展したので、ヨーロッパの権力が集中化された国家のように、官僚の決定権が過度に拡大されることはないか、規制されない自由な選択のバランスが過度に狭くなってしまうことはないか、という問題がアメリカにおいては提起される必要がある。

これらはどの近代デモクラシーもがいずれ直面する、いや世の終りに至るまで直面する不安であって、それは、権力と正義の関係、正義と自由との関係を完全に解決するようなすっきりした原理は実は存在しないからである。このようなアメリカ的発展における重要な点は、この国におけるデモクラティックな政治社会が、ヨーロッパにおけるそれに勝るとも劣らず、マルクス主義のいわゆる政府とは単に特権階級の道具でしかないという告発を否定するに足る徳と誠実をもちつづけたということである。アメリカでは社会的な不満が生じるのを回避するのに十分な正義をこれまで確立してきたが、ヨーロッパの不健康な国家は、社会的な不満の故に崩壊して行き、比較的健康な国でさえも、アメリカよりも社会的な困難を多く経験することになったのである。

要するにわれわれが保持しているような正義は、技術社会においてそれが達成され得る唯一の仕方で達成された正義だということである。それがアメリカにおける権力の均衡ということなのである。われわれが到達したのは組織化された権力に対しては、組織化された権力をもって対処することによって、このような経済社会に、ある種の均衡を達成するという正義である。そしてもしそれが十分に実行されなかった時には、われわれは経済社会のアンバランスな状況を調整するために、より包括的な基盤を持った政治的な権力に訴えてきたのである。

3

このような権力闘争の中で、われわれの社会的な平和はどのようなものになったのであろうか。政党間闘争の辛らつさはわれわれの間にもかなり存在する。労働者の間に集産主義的革命的なイデオロギーが欠如しているという理由だけで、彼らが革命家と見なされることから救われるものではない。しかし実業界は、イデオロギー的にはアメリカにおけるデモクラシーの〔このような〕発展と戦いながらも、その発展を受け入れるある程度の実際的恩情をもっている。このことが、われわれがヨーロッパにおいて、なぜこれ程までに誤解されているかということの理由なのである。というのは、ヨーロッパは、われわれの「半ば公的」なイデオロギーをよく知っているが、われわれの実際的〔に実現されている〕正義の方は知らないからである。

われわれの国の実業家たちは、自由について長々と語るが、それはヨーロッパの人々、特にヨーロッパ大陸の人々には仕末の悪い保守主義に変質退落してしまった自由主義を連想させるアクセントで聞こえるのである。しかしヨーロッパの人々は、この国の実業家たちが、物価の上昇があった場合には労働賃金を上げることを保証している、いわゆる「エスカレーター条項」を含む「五年契約」を労働組合と交わしていることを知らないようである。要するにアメリカの実業家たちは、実践面では、労働者の力を受け入れようとしてきたのである。さらに実業家たちは、彼らの社会哲学の中に、大量生産を継続するための基盤としては高賃金もまた必要であるという考えを受け入れてきたのである。さらにこの国の実業界は「アメリカ的生活様式」をポピュラーなものにすることで、自由という信条を普及しようとしているのであるが、その中には「団体交渉権」さえも含まれているのである。

われわれが得ている社会的な平和の理由のいくつかは、アメリカ社会における流動的な階級構造の中に見出されねばならない。この構造は労働者のみならず、実業家たちのエートスにも影響を与えてきた。産業社会における特定の階級のために用意されたマルクス主義の階級概念は、前近代的な封建的な階級構造が生み出す不正によって社会的な不満が高まってきたところに深く定着してきたと言ってよい。アメリカの実業界は、階級闘争のみならず階級構造もマルクス主義の発明だという的外れな批判を繰り返してきた。アメリカの〔流動的であった〕階級構造が、国家による経済拡大が極限まで行くに従って固定化される可能性が出てきた中では、このように言うことはますます不条理なことであろう。それにもかかわらず、自由主義の信条が階級闘争という現実の緊張を隠蔽しているのに対して、マルクス主義の方は産業社会における階級構造の複雑性を隠蔽しているということは事実である。しかしもしこの工業社会の力学が、封建的秩序の階級差別の上に加えられるとすれば、その心理的状況は、アメリカのようなより純粋なブルジョア社会よりもマルクスが描く階級対立の形のあるところでもっとも深く合致すると言えよう。このことは、あらゆる面でアメリカよりもより統合された共同体であり、この国に肩を並べるか、あるいはそれを凌ぐ程のデモクラシーの達成を誇るイギリスに、よりマルクス主義的なイデオロギーを持っている政党が成立したということによっても証明されるであろう。封建社会から商業社会へ、さらに商業社会から産業社会への移行を社会的文化的に深刻な構造亀裂なしになしとげてきたイギリス政治のデモクラシーの業績の中には、社会主義的な政治が行われていた時代においてさえもそれを根絶することができないでいた封建的な階級意識を残してしまったという、深刻な不備が存在しているのである。

アメリカにおける階級構造の流動性というのは、元来は摂理の賜物であり、発展し続ける経済の結果なのである。しかしこの幸運は、一方で労働者たちを社会的な不満から比較的自由にしたが、他方でこの幸運は、特権を持っている階級が新興階級をあまり頑なに抑えたりはしないようにした。その限りにおいて社会的な徳へと変られて行ったのであった。最近ヨーロッパ大陸から訪ねてきたひとが「アメリカ人の生活には、問題にしなければならないほどの社会的な怒りがないことが、他のどのようなアメリカの特徴にもまして印象深かった」と言った。イギリスの上層階級は、もしかすると政治的な闘争においてはアメリカの上層階級よりも、さらに寛容に譲歩するかもしれない。しかしそれはイギリスの上層階級は政治的、経済的な権力を失った代わりに、今度は社会的に〔上昇階級を〕侮辱するという武器を残したということを意味しているのである。

4

アメリカが自らの社会的信条よりももっと賢く、またマルクス主義のイデオロギーやブルジョア社会のイデオロギーよりももっと真理に近い社会政策を発展させることを実現するに際して、二つの重大な留保条件をもっている。そのひとつはアメリカでは、財産制度に関する西洋世界でなされてきたような論争が未熟に終わったということである。財産制度についての態度ほど、マルクス主義とブルジョア文化とのイデオロギーの闘争の中で対照的なものはない。財産はブルジョア世界の信条によれば正義の手段であり、マルクス主義者の解釈によれば、それは悪の源泉ということになる。しかしマルクス主義の信条もブルジョア文化の信条も財産に関する真理の問題を正しく取り扱うことに失敗している。というのは財産は権力のひとつの形態であるから、社会的な平和や、社会的な正義の源泉であるなどと曖昧さなしに言い切ることはできないはずである。なぜならいかなる権力も、それが過度に行使されたり、あるいはまた無責任に用いられれば、侵害と不正義の手段ともなり得るからである。しかしながら財産というのは社会における権力の唯一の形態ではないし、経済的な権力の唯一の形態でもないので、財産が不正義の唯一の源泉だということなど有り得ないのである。確かに財産は、家庭の成立を保証するし、またそれ以外にも財産は将来生じるかもしれない危機に備えるものでもあるし、さらに個々の人間が社会的な役割や機能を果たすための手段ともなり得るものであるが故に、財産それ自体が直接不正義の源泉というわけではなくて、そのある種の形態が明らかに社会の正義や平和のための手段となり得るということである。

あきらかにマルクス主義の財産のイデオロギーもブルジョアの財産のイデオロギーもいずれも同じくきちんと識別されたものではない。しかしそれにもかかわらずマルクス主義のイデオロギーがより危険なものであることは、マルクス主義のイデオロギーが、その幻想的な思考にかくれて、一方で財産の「社会化」ということによって経済的な権力の完全な消滅について語りながら、他方で政治的な権力と経済的な権力とが怪物的に結びついた新社会が創造されてしまったという点からして明らかなことである。他方でデモクラシー社会は、経済的にも政治的にも権力の配分とバランスをとるという多様な戦略によって多少の正義を保持し続けている。しかし財産制度を不可侵の至聖所に置くことは保持しがたい。なぜならあらゆる人間的な制度は、たえざる検討に付されねばならないからである。問われねばならないことは、財産所有のどのような形態が、どのような特定の状況のもとで存続可能かということである。われわれの文化に対するマルクス主義的なチャレンジが不在であったため、財産制度は全くチャレンジされないままであったが、その限りにおいてわれわれはひとつのドグマの獄の囚人になってきたのかも知れない。そしてそのことは何らか来たるべき危機に際して高価な代価を払わせられると思われるのである。

アメリカの政治的、経済的な状況における第二の弱点は、文化全体が「自由放任主義」(laissez-faire)の原則をとったので、もしインフレやデフレの危機が生じた場合でも、自由経済の不安定さに対処することが遅れてしまうということである。それ故にこのような事態が生じた場合、最終的にはプラグマティックに事柄は処理される。しかしそのような処理がなされるのは、行動がなされなかった結果がきわめてはっきりと出る以前ではないのである。ある人は、一九二九年の大恐慌の教訓は十分学ばれてきたから、このような破局は二度と起こり得ないと信じている。しかしそれが真実であるかどうかは全く分からない。アメリカ文化の「半ば公的」なイデオロギーが、たとえば現在のような戦時生産体制時期におこるインフレの危険に対して、適切な手段をタイムリーに講じることを妨げるということは、およそ確実なのである。このようにしてアメリカの財界がわれわれの経済について語る時には、われわれは既に正義と安定という究極的な問題を解決してしまったというような情緒的な自賛をもっているようである。しかし現実問題に直面している財界の個々のメンバーは、インフレとデフレという双子の悪のどちらかが間もなく襲ってくるのではないかという予感にとどめない不安をもって思い悩んでいるのである。ヨーロッパの視点からすれば、ヨーロッパ経済の動向がアメリカという巨人に依存するようになったことから、最終的にアメリカの経済動向が世界経済に衝撃を与えるようになってきているのである。そのような状況であるにもかかわらず、ヨーロッパの立場から見るといらいらさせられることだがアメリカは、世界安定のためには計算不能の要素にとどまっているのである。

このような問題性にもかかわらず、アメリカ的な生活の現実的な経験の中に具現されロゴス化されていないような知恵の方が、よりロゴス化されているが知恵に欠けている理屈（more articulate unwisdom）と比べていろいろな形のより高い正義の確立に貢献してきたのである。

5

ある程度の正義が確立している近代社会とは、コモン・センスの知恵の方が、知識人といわれる者の愚かさにアイロックにも勝利するということがもたらした恩恵の賜物である。なぜなら、知識人は、ブルジョア的なイデロギーとマルクス主義的イデオロギーという二つの典型が示す「合理的な」行き方のいずれかを推進しようとするからである。そのひとつは、社会的、歴史的なプロセスのすべてを自己調整的なものと考える。この場合、前世代のなしてきた愚かな抑圧やコントロールを取り除くことこそ必要だと求められる。一般的に言ってそれがフランス啓蒙主義以後のブルジョア社会の時代における合理的な政治と経済についての考え方なのである。それに対してもうひとつのタイプの思想は、社会的あるいは歴史的目的をたて、それを全人類の願望と想定し、その目標達成ために「計画」を推進しようとするものである。

「計画」を立てる人びとと人間の行動に対する抑圧をできる限り取り除こうとする人びととの論争は、現代においてもっともよく知られている産業労働者と中産階級との政治的な論争が限界を超えるものである。しかしその政治的論争の中に、それぞれの思想を特徴付けるような「イデオロギー的な汚点」の完全な実例を見出すことができる。中産階級の生活は、過去の抑圧を打破することによって、その権力と富を持つようになった。さらに成功を収めた中産階級は、彼らのしばしばきわめて度外れな権力や特権に、新しい制約が加えられることを恐れているのである。それ故に彼らは「自然の法則」について、それは侵してはならないものと敬虔のまた畏敬の念をもって語るのである。そして彼らは、人間の歴史の中にある予測不可能なドラマの中に、歴史の中には見出されない自然の固定性というものを授けようとするのである。

他方において、労働者階級は、この祝賀された「自由」世界の中で、彼らが不利な状況に置かれていることを見出した。彼らは周期的に崩壊を繰り返す巨大な社会のメカニズムの中に巻き込まれてしまった。そしてこのような危機が社会の健康のためには必要なのだという信仰によって慰められなかった。彼らは競争関係にある個人主義的相剋にも同じ条件で入っていく熟練を欠いていた。さらに彼らがそれに立ち向うことのできないような権力の団塊と対決させられたのである。比較的にまじめなデモクラシーのもとでは、労働階級は、特権階級の権力に対して、自らの経済的、政治的な権力を組織化する可能性を見出すことができた。しかし他方であまり健全ではないデモクラシーやデモクラテックではない国家においては、労働階級は、社会正義のためのの「計画」だけではなく、全人類の救済の「計画」までを考えているマルクス主義者の方策によってこのような状況が改善される可能性があることを見出したのである。しかしこのような政治的なプログラムは、たとえそれがマイルドなマルクス主義であったとしても、それが持つイデオロギーは弱点を持たざるを得ないのである。すなわち労働者階級は多かれ少なかれ社会における主導権の形態が多様なものであることに無関心なので、その中でもっとも賢明な形態さえも破壊してしまう可能性があることを忘れており、どのような計画においても政治的な権力と経済的な権力とが一致してしまう危険性がひそんでいることについては無自覚なのである。

それ故に、以上述べたの二つの知恵に対してコモン・センスの知恵が勝利したことは、どちらかひとつの形態の方策が持っている理論に一貫して固着することを阻止してきたデモクラシー自体の知恵の勝利というべきであろう。どちらの立場にも真理があるのだが、それが過度に徹底化してなされる時には、それは欺瞞になってしまうのである。二つの信条には真理の何らかの要素がある。それは人間の真の状況に十分正しく対応するよう求められている。なぜなら人間は、生の共通の諸目的、とりわけ正義の目的について慎重に考えることを可能にし、それが必然的なものであることを認識し得るほどまでに、社会的、歴史的なプロセスを超越することが可能だからである。人間は、そのような共通目的を達成するために、個々人の私的な欲求にたまたま手落ちがあったり、あるいは偶然に共通目的と合致したりすることを期待することはできない。他方、人間は個々の利害や情熱の波間にあまりにも巻き込まれており、また個々の人間が認知できる人生のプロセスの全体像の展望はあまりにも短く狭いものであって、だから「計画者たち」によるどのような制度や集団にも絶対的な権力を与えることは正当化されないのである。「計画者たち」のアイデアリズムが持っている「純粋さ」や、彼らが装う学問的な性格というのは、常に疑問視されて然るべきである。人間は自らの事柄の中にあっては「純粋」な理性など持っていないし、もし人間がもつ理性がそれ自身の目的を達成するために必要かつ十全な力を与えられるようなことがあるならば、その〔イデオロギーの〕汚点はもっと〔社会的に〕有害なものとなるからである。

それ故に、正義と秩序とを「計画する」人びとと、これらを確立するため自由に信頼する人びととの間の論争は解決不可能なものである。すべて健康な社会は、歴史の終わりに至るまで、このような論争の緊張の中に置かれているのである。そして〔その社会の〕健康は、一方が他方に完全な勝利を得るようなことがないように回避することによって証明されるであろう。

アメリカ史における「コモン・センス」の勝利は、まず何よりも、われわれのデモクラシーという制度が持っている生命力の勝利であると言えるであろう。たしかにわれわれは二つの相剋するイデオロギーの一方にわが国の理論面の支配をゆだねてはいるが実践面においてはこれら二つのイデオロギーの相当程度の総合を達成してきたという事実が、その中にあるアイロニックな特徴を構成しているのである。

第六章　国際的な階級闘争

1

諸国家の共同体におけるアメリカの指導的な立場は、たとえ国際的な階級闘争が諸問題を重大化するような仕方で介入するようなことが起こらないとしても、これまでも道徳的には危うさをもっていたと思われる。なぜならわれわれが既に見てきたように、歴史の古くない国家が、子供のようなイノセンシーを失わないままという幻想をもって、この核兵器時代の中でグローバルな政治的責任を持ち、さまざまな危機に対処して行くということは、それほど単純なことではないからである。

しかも、最初は工業社会のために構想され、そしてそこで挫折に終わった階級闘争が、今度は国際関係の中で重要な問題になってきたということが、今日のわれわれの課題をさらに困難なものにしたのであった。このような展開が生じたことには理由があり、そのひとつはロシアが権力の一大中心地となり、世界規模の革命宗教の聖地となったということと関係している。しかしこのような事実だけがわれわれが直面する危険な状況をつくり出したわけではない。もしこの革命宗教が、非工業国家、とりわけアジアの諸国の貧しい人々の間にこれほどまで根付かなかったならば、また、もしこの革命宗教がこの地域でひきつづき広がっていく兆しがそれほどはないようであれば、危険な状況にはならなかったと思われる。トインビーが「内のプロレタリアート」と呼んだ人々のために作り出されたこのイデオロギーは、貧困に悩んでいた伝統的農耕経済を営む人々、すなわち「外のプロレタリアート」にとってはもっとも「現実的な選択肢」となったのである。それによってこのイデオロギーは健全な工業国家での失敗を取り戻して、全体の帳尻を合わせることができるようになったのである。

このような状況の中で、自由主義世界共同体の中でのアメリカの主導的な力は、ある奇妙な道徳的危険を生み出すことになった。アメリカはアイロニックなことであるが主として生産力のレベルの違いから生じる富や生活上の不平等についての責任を負わされているということである。ところがこのような不平等は、あらゆる不幸の原因を搾取に帰するマルクス主義にもっともらしい批判の根拠を与えてしまっているのである。こうしてわれわれが人々をわが国の繁栄をもってわが国の「生活様式」が持っている美徳を証明しようとする時に、そのあらゆる努力は、われわれの敵やわれわれを誹謗する者たちによって、アメリカの罪責の証明として逆用されてしまうのである。われわれがイノセントぶるという罪の経験もアイロニックだが、それは〔その点では〕比較的にイノセントであるところで罪を転嫁されるというアイロニーによってしかるべくバランスがとれているのである。われわれは今やこの地上でもっとも首尾一貫したブルジョア的な国民となったので、われわれに向けられた批判を理解できなくなっているのである。そういうわけで、われわれはコミュニズム的な怒りがそこからうみ出されてくるエートスをまだよく理解しきれないでいるのである。

産業文明が持っていたダイナミズムは最初は封建社会的特権に属する不平等を一方ではさらに増大させることになったが、他方最後には、階級構造の中に複雑さと流動性とを持ち込むことで、貧しい者たちの失望や絶望を緩和することになった。こうしてこのダイナミズムは、貧しい者たちの運命についての正統的なマルクス主義の解釈が誤っており当てはまらない状況をつくり出してきた。マルクス主義が成功したのは、西洋産業諸国の中では、かつての封建的な階級構造が依然として消滅していなかった地域においてのみであった。それ故に過去に封建時代を持つことなく、南北戦争によって、なお残っていた封建的なものの残滓をもすべて破壊してしまったアメリカでは、マルクス主義はまったく成功しなかったのである。注目すべき重要な事実は、コミュニズムがなお生きた信条として受容されているただ二つの西欧の国はイタリアとフランスであって、この両国は近代産業社会が持っている歴史的なダイナミズムによって伝統的・封建的なエートスがなお破壊されていない国家であるということである。表面的には、封建制度が古典的ブルジョア革命によって一応破壊されたことになっているフランスでは、ブルジョア階級が、古い封建制度にあった規制にしばられてダイナミックな力を出し得ないような社会的態度を受け継ぎ、その中では中産階級が生産力の向上の十分な力を出すことができず、また労働者階級が生産的富のより大きな分け前を得ようとするのを阻止するのにやっきになる、というような社会を作り上げてしまったのである。

マルクス主義はシニカルな言葉を用いて政治制度を解釈したが、それによれば、政府というものはすべて、特権階級の「執行部」にすぎないということになる。そういうわけで、たといどこかでデモクラティックな政府が一般的福祉のために経済的諸力を統御する力や意志をもっていたとしても、マルクス主義的批判のもつ良い部分を役立たせることはできなくなるのである。

ヨーロッパの中で封建主義的な不正と資本主義的な不正とがなお複雑な仕方で残っているこれ

らの国家にはまだコミュニズムの種が蒔かれる可能性があるわけだから、コミュニズム的信条が非工業化世界の貧しい封建的農業経済の中で絶望的状態にある人々にとって魅力的な選択肢になっているということは理解できないことではない。それ故にこの信条は、工業化した世界に対する非工業化世界の反抗の旗じるしとなってしまっているのである。そもそもその反抗は、封建世界の不正義を、資本主義が歴史における善と悪の最終闘争を頂点にまで増大させて行った後でのみ可能となると、最初は考えられていたものである。工業社会を想定してつくられたこの宗教的黙示思想が非工業社会においてさえ妥当性を持っていると考えられるようになったのはレーニンの業績によるところがある。彼はこの結論を得るためにマルクス主義的聖典の再解釈を行ったのである。彼の抜け目なさの故に、マルクス主義的革命は、ロシアのような半アジア的、およそすべて農業的であった文化の中で、最初の成功をおさめたのである。そして今やその動きが、ロシアからアジアへ、そして非工業世界の全領域へと拡大していくのである。

しかし実際には、非工業的世界の社会的文化的な諸力がそれに適合するのでなかったならばマルクス主義的テキストをどれほど再解釈してみても、この結果に至ることはできなかったに違いない。それ故に、この勢力や今日のような状況が生じた要因についてよく検討してみる必要があるはずである。

非工業化世界の中に反乱を惹きおこすさまざまな怒りの第一の要因と考えられるのは、技術社会が非技術社会に対して与える最初の衝撃が搾取的であるという事実によるものである。「帝国主義」や「植民地主義」がもっているこのような衝撃がつくり出す怒りは、実際には、今日植民地支配の力が衰え、以前は植民地にあった何百万の人々に解放がもたらされた時代においてもなお消えないものである。帝国主義がもたらした経済的な帰結は、マルクス主義のプロパガンダが言うほどにははっきりと悪であったとは言いがたい。なぜなら農業世界に技術的熟練と教育とを導入したからである。おそらく帝国主義がもたらしたもっとも有害な帰結は何かと言えば、それは経済的領域よりは、むしろ精神的な領域においてであったと言うべきであろう。なぜなら、権力関係においては、人間は弱者に対しては傲慢となるからである。そしてこの場合、権力に付随する傲慢は、工業化した社会の人種が「白色」で、非技術世界の人々が「有色」であったが故に、人種的な偏見を生み出すことになったのであった。

アイロニックなことであるが、このよう遺恨を相続することになったこの国は、帝国主義的な侵略の最前線にいたわけではなかった。われわれの経済的な基盤は、巨大なものであり自己充足的なものであって、目立つほどの帝国主義的侵略をする必要がなかったのである。われわれの経済力は、結果としてさまざまな隠蔽された帝国主義を生じさせてきた。それにもかかわらずわれわれは他国民を政治的に支配しようと試みたことはなかったのである。それ故に、この国に向けられたコミュニストたちのプロパガンダ（たとえば中国の外相は、アメリカは朝鮮半島において、アメリカの資本家たちのために「市場」を支配できるように戦っていると批判したのであるが）は、まったく不当なものである。

帝国主義は人間存在の中に繰り返し生じてくる問題である。なぜなら力を持った国家や個人が、弱者を自らの目的のための手段として用いようとすることは不可避的なことだからである。仮にもし力を持った者の弱者への配慮が、まったく野心を持たず搾取的ではなかったとしても（実はそうではないことがほとんどであるが）、彼らは彼ら自身がそのように主張するほどには純粋な弱者の保護者であるとは言えないのである。マルクス主義の理論は、この帝国主義的な傾向を資本主義的な制度と同一視することによって、表面的には純粋な博愛精神に装われた新しいタイプのマルクス主義的帝国主義を、非工業化社会のもつ弱点に関係づけることを可能にしているのである。理論的に言えば、ロシアの政治は政治的宗教としてのコミュニズムの聖なる中心と、そのさまざまなミッション・フィールドとの間の結びつきの表現に他ならないのである。それ故に、近年解放された、あるいは今なお十分には解放されていない植民地の人々の怒りは、マルクス主義的同調によって、このような反抗が生じてくるこれまでの遺恨にさらに油を注ぐようなことになったのである。それだけではなく、アイロニックなことであるが、解放された植民地の人々は、彼らが抱かされた幻想の故に、この新しい支配者のことを解放者だと思い込み、今度は好んで彼らの奴隷になろうと望んでいるのである。

非工業化世界にさまざまな反抗が生じてくるようになる第二の理由は、非技術世界における貧困者の苦境である。この貧困の問題は政治的な解放によっても、ほとんど取り除かれないままなのである。それどころかこの貧困の問題は、場合によっては、この解放のために生じた社会的政治的混乱のために悪化さえしてきたのである。この貧困には二つ理由が考えられる。ひとつは封建的な不正であり、もうひとつは農業経済の低生産性である。これらの国家における経済は、いまだに、ヨーロッパ諸国の経済が産業革命以前に保持していた経済効率の水準にまでも到達し得ていないのである。

近年解放された民族は、例外なく彼らがそれから〔自由になろうとして〕反抗した政治的支配者のもつ諸悪よりも、さらに悲惨なさまざまな経済的病苦に苦められている。エジプトとバビロニアにおける最古の農耕文明以来、地主制度と高利制度は、伝統的諸文化における社会的な不正義の根源であった。他方で自営農民が比較的多かったただひとつの伝統的な国家である中国では、地主制度に苦しめられることはなかったとしても、そこには巨大な官僚制度が存在しており、その腐敗が同じような不正を生み出すことになったのである。またインドでは、彼らのデモクラティックな憲法と指導者のアイデアリスティックな行動にもかかわらず、その社会のもつ封建的な体質を克服して、強力なコミュニズム運動を阻止し得るかどうかはなお定かではない。中国におけるコミュニズム革命の成功は、要するにこれまでの政権が正義を確立することができないできたことにその大きな原因を持っていると言えるであろう。また中東全域はそれ以上に深刻な状態に陥っている。なぜならこの地域では、頽廃的、イスラム教的な封建体制が目にみえる仕方で解体しようとしているからである。もちろんこのような農耕社会が持っている伝統的な封建体制に対する西欧的な資本主義の関係は、罪責なしではない。たとえば、インドシナ半島の場合であるが、コミュニズムに対する戦略上、既に信頼を失墜したフランス型植民地主義と同盟を結ぶことを余儀なくされたのである。また他の場合は、インドネシアがそれだが、われわれはその独立の支持において賢明であったとは言いがたく、むしろかなり軽率に行動したかも知れないと思われるのである。いずれにしても西洋全体、とりわけアメリカはそのヘゲモニー的力をもって、非技術的な植民地が解放された後にかかった病苦に対して責任があるのであって、思いをはるかに越えるものである。帝国主義の本当の意味での精神的な罪悪とは、実はその支配下におかれた人々に、あらゆる病苦は帝国主義的占領から生じるという考えを植えつけてしまったことにある。それは事実とちがう。とりわけ植民地の人民が自治能力において欠けるところがあり、そのことは解放後に政治的混乱や経済的混沌となって出てきているのを見れば、全く当っていないのである。ところが挫折させられた希望は、いとも簡単にコミュニズムのプロパガンダと結びついて、解放以前のみならず、解放後の病苦のすべてを西洋諸国の責任にしてしまったのである。

さらに言うならば、非工業化国においては、デモクラティックな政府を生育可能にするため必要とする誠実さの高い規準を保持している国家は数少ないということである。彼らの官僚制度の腐敗は、経済制度以上にもっと大きな不正の源泉となっている。誠実さの規準の低さは、彼らの場合多くのルーツをもっているようである。それら腐敗の原因のひとつは、東洋の偉大な伝統的諸文化が、より大きな共同体に対する個人の責任について教えてこなかったということの中に見出すことができるであろう。彼らは非常に洗練された文化を所持していたが、それをきわめて低次の社会的結合体と結び付けていたので、忠誠をつくすべく重要な共同体というのは、せいぜい村落共同体や家族に限定されてしまっていた。それ故に東洋においては、不誠実であるどのような行為も、それが家族にとって有利であるならば、道徳的にも正当化されるのが普通である。そこから生じてくる政府の腐敗は、マルクス主義のシニカルな政治解釈がよく当っているとして受け入れる素地を養うことになるのである。

しかしそのような封建体制の不正よりも、これらの国家の経済における低効率の方が、貧しい農民たちを困窮におとし入れるためにもっと責任があるのである。さらにまた工業化が導入されるに及んでは、その最初の効果とは西洋諸国にあったような不正を増大させることであった。西欧世界におけるリベラルな考え方が、非産業化世界全体の生産性向上のためには技術援助が不可欠だ、と強調したことは間違っていない。しかしそのような考え方は、たとえこのような発展においてあらゆる搾取形態が回避されたにせよ、広範にわたる文化的社会的転位が行なわれない限り、それまでの農耕社会から技術文明への移行は不可能であるという認識をもっていないのである。われわれは、農耕世界へと広まって行ったコミュニズム勢力と対決するために、われわれがヨーロッパの歴史では四世紀を必要とした諸発展を、その中にはめ込む必要に迫られているのである。

他方でわれわれ西洋国家の豊かさと、技術的に未熟な国家の貧困との間の差異は、コミュニズムのプロパガンダによって、われわれの経済体制のもつ搾取的な性格のれっきとした証拠であると解釈されている。われわれは自らの生活レベルの高さをわれわれの社会がもつ徳の結果であると必要以上に強調すれば、そのナイーヴさはその種のプロパガンダの有効性を高めることに貢献することになるのである。そしてわれわれの側からのプロパガンダは結局はあまり効果のないものとなってしまっているのである。なぜなら、高度に工業化した国民の生活レベルは、東洋の貧困な人々には想像し得ないようなものとなっており、結局は東洋の貧困な人々の社会的政治的態度に対して何の影響も及ぼし得ていないからである。(注1)

(1) 非コミュニズム社会主義でも、生産性の基準における相違を搾取の一見して明かな証拠と見なすことができる。イギリスの労働党のベヴァン派の最近の宣伝パンフレット『ただひとつの道』(One Way Only)の中では、このような相違は、われわれの政治の中にある邪悪な要素のたしかな証拠として提示されているのである。

このような錯誤の結末は、非コミュニズム世界における指導的な国家が、過去と現在におけるあらゆる不正のシンボルとみなされてしまうということである。その国家権力は、歴史の中に受けつがれてきたあらゆる悪の責任を負わされているのである。われわれに対する告発は、諸事実がマルクス主義のイデオロギーによって解釈されてしまっているので、一層もっともらしく見えるようになっているのである。このイデオロギーによるならば、貧困の理由はただ搾取という理由からだけ生じるものと説明される。このような説明は、それと対照的なブルジョア的確信つまり貧困と富との違いは根本的には技術、節制、あるいは勤勉さの違いから生じるものだという確信と同じぐらい誤りである。要するにどちらの理論も、貧困と富の問題を十分に明らかにしているとは言えないのである。それにもかかわらず、マルクス主義の理論は、人間の心の深い部分に語りかけ、満足感と共感とを与えるという強みを持っている。そのような強みの原因は何かと考えるならば、それは不幸な状況の責任を、すべて他者のせいにしているということである。

マルクス主義の理念は、あるひとつの国家の経済の社会的現実に適応された場合には、多少真実に近付くこともあるが、政治的妥当性について言えば、それは貧しい国と豊かな国との違いに適用される場合とくらべてそれほど妥当性をもつものではない。一個の国家共同体は、かなり平等な生産効率の諸基準を備え、政治的戦略によって不平等な特権を解消して行くことができる程充分統合性を有する共同体である。それ故にこのような一個の国家共同体の中に貧困と富との大きな不均衡が生じるならば、道徳感情における不満が生じるようになるのはむしろ当然のことである。しかし健全な近代社会においては、このような道徳的な不満感情は、政治活動へと効果的に転向させることが可能となる故に、マルクス主義の告発はそのような社会では力を失うことになるのである。しかし他方で国家と国家との間の生活レベルの差異は、その原因が主に天然資源や生産能率のアンバランスによるものである。一般的には、技術的な能率のアンバランスは十年や一世紀くらいでは克服できない程歴史に深く根をおろしている。それ故に、国家と国家との間の不平等に関するマルクス主義的な解釈は、一個の国家内での不平等の解釈において当らないよりも更に当らないのである。つまり高度に工業化された国家と低度の農業経済国家との間に生じる不平等は、一国家内における不平等とは桁違いなものであるから、そこに適用される場合マルクス主義的理論は、国家と国家の間では当らないはずのそれが、政治的にはかえって大きな妥当性をもってきたのである。いずれにしてもマルクス主義の政治的な幻想は、国内政治よりも国際的な「階級闘争」においてより力を発揮してきた。それ故に、われわれは世界政治の舞台において、最強の、そして最高の技術を備えた近代国家であるにもかかわらず、その事実犯した罪によってではなく、その実績を過度に誇ったことによって、マルクス主義的なドグマの影響を強く受けた法廷で罪を宣告されるというアイロニックな状況に直面しているのである。このことが、われわれが貧しい農業国家においては、コミュニズムに簡単には勝利を期待することができないひとつの理由なのである。

2

コミュニズムが農業世界において大きくアッピールする力を持ち得たことの原因としては、社会・経済的な原因のみならず、文化的な原因がある。アジアの古代文化は、人間主義的な中国の儒教であれ、神秘的なインドの諸宗教であれ、いずれもひとつ共通の特徴をもっている。すなわちそこには歴史的なダイナミズムが欠落しているということである。ヘブライ的な信仰やギリシア的なヒューマニズム、そしてキリスト教に見られるような、西洋的な歴史のダイナミズムの様々な起源について、ここで適切な説明を手短かに行うことは不可能である。歴史的ダイナミズムというのはある意味で歴史的ドラマの全体に対する人間の態度のことであって、将来において新たに重要で意味を持った出来事が起こるという期待を含んでいる。またそれはある意味で自然に対するひとつの態度から出てくるものである。この態度には、人間は自然に対して支配権を持つべきだという信念が含まれており、それは聖書的な信仰の中にも含まれているものであって、東洋的な汎神論に見出されるような自然に対する敬虔な畏敬の念とは対照をなしているものである。またその中には、西洋の伝統がギリシア思想から受け継いだ自然の合理性という理念と、キリスト教の創造の理念から引き出された自然における偶然性という同じく不可欠な思想とを含んでいる。これらの二つ理念が一緒になって、近代科学と、自然の科学的な「搾取」とに根拠を与えたのである。それ故にマイケル・フォスターは次のように述べたのである。「ガリレオの科学的な方法は、まず第一に自然は数学的に理解可能な枠組をその中にもたないということは有り得ないし、数学的に定義できる法則を提示しないでいることもあり得ないという確信に基づいている。しかし第二に、自然がいくつか可能な枠組のうちのどれをその中に持っているか、あるいはまた同じく定義可能ないくつかの法則のうちのそれを提示するかは、ただ観察と実験によってだけ決定され得るのである(注2)」。

(2) マイケル・フォースター(Michael Forster)の *Mind*, Vol. xiv, p. 24 (1936) 所収の論文, John Baillie, *Natural Science and the Spiritual Life* を参照のこと。

第一の考え方が科学の演繹的な方法に、そして第二の考え方が科学の帰納的な方法に基盤を与えたのである。これらの二つの方法が、西洋の科学の赫《かく》々たる業績を生み出すことになった。これらは、儒教の人間主義における自然諸問題への無関心や、ヒンドゥー教的汎神論の神秘的な自然崇拝からは区別されるものであって、そこでは自然界の出来事のもつ合理性をも偶然性をもみえなくされてしまうからである。

いずれにしても、東洋の文化は眠ることと覚めることとの〔自然的〕くり返しの文化であって、人間歴史のドラマは真剣に受けとめられることなく、その中では自然が神化されてしまうか、自然が幻想の領域に還元されてしまうのである。コミュニズムというのは、このような希望の次元をもたない東洋人のところに突然希望の先取りのようにして到来した歴史的でダイナミックな宗教なのである。東洋人はこれまで西洋の文化にさらされてきた。しかし西洋から輸出された文化と宗教とが矛盾的であることに気付いた。たとえばキリスト教的宣教活動が提示するキリスト教信仰と、東洋出身の留学生たちが西洋の学問の中心地で与えられる科学万能の信仰との間には明らかな矛盾があるように思われたのである。また西洋の権力的な帝国主義と西洋の宗教によって提示されるアイデアリズムとの間にも矛盾があるように思われたのである。また西洋文化という輸出物の中には、明瞭な政治的なプログラムは存在していなかった。キリスト教もその信仰の形態をいずれかの特定の政治的なプログラムと同一化することを避けてきた。それは、その理由としては〔信仰と政治の〕コミュニズムにおけるような同一化はきわめて危険なものとなるからである。政治は人生の究極以前的（proximate）な目的を取り扱い、宗教は人生の究極的（ultinate）な目的を取り扱うので、もし政治に宗教の持つような神聖さを簡単に付与されるようなことになれば、それはかならず幻想を生み出す源となってしまうのである。

コミュニズムは、東洋の眠ったまま死に向かうような文化を破壊する力としては恐るべくも独自な有利さをもっている。なぜならコミュニズムは歴史的ダイナミズムを持っているだけではなく、この歴史的なダイナミズムの中に矛盾対立的に生起する諸衝動をすべてひとつにまとめあげるように見えるからである。しかしこの統合はまがいものであり、危険をはらんでいる。しかしこれらの事実は、コミュニズムが持っている破壊力を減少させるというよりは、その力を増大させている。コミュニズムにおける科学と宗教とは、近代の科学万能信仰が実存的な信仰に完全に奉仕するという仕方で結合されている。「マルクス・レーニン主義」という科学は、中国の諸大学でたいへんな力によって人々を魅惑している。あるいはインドにおいては、知識層が政治的な圧力を加えられたというわけでもないのに、〔「マルクス・レーニン主義」の〕科学というみせかけをまじめに受けとめているのである。

マルクス主義的「科学」は、ブルジョア的な社会科学よりもひとつの点で優れている。ブルジョア的な社会科学は、歴史的な出来事は何の前提もなしに起こるものであるし、また自然科学はいつでも公平な判断に到達できるという幻想を持っている。ところが人間の生と運命についての、また人間が共通して持っている諸問題についてのすべての思想は、科学的な研究によっては解決されないところのさまざまな信仰の前提をもって始まり、そして終るという意味において「実存的」なのである。それらの思想は、人間的自己のもつさまざまな利害から始まり、究極的意味に関する何らかの考え方、人生とは何か、何であるべきかについての何らかの希望をもって終るのである。それに対してコミュニズムの信仰は、ブルジョア的な科学が明白にそう示さないのとは違ってもっと明白に、「実存的」であるが、それだけではない。それはさらに、ひとの心にとくによく分かるような思惟過程の始めと終りを提供してくれるのである。またそれは、歴史の中にあるひとつの特別な力（ここではプロレタリアートであるが）の利害が、究極的なもののための無制約的道具であるということを明らかにしようとしている。貧しい者は、コミュニズム的な黙示録によれば、人類全体が悪から解放されることとなしには、彼らを苦しめている不正から解放されることはないのだということになっている。このような定式が、西洋のいくつかの地域のインテリや産業労働者たちにも大変な魅力を持つものであることは明らかとなった。そしてそれは非技術社会においてはより大きな説得力をもっているに違いないことである。

貧しい人々に歴史におけるメシアとしての役割を与えることは、彼らの怒りを究極的な善への手段へ変換させているようだが、それにとどまらない。そのことによって、コミュニズムは社会的な不正によって屈辱を受けている人々の良心のわだかまりを除去するのである。しかしひとつの宗教としてのこのコミュニズムの信仰は、キリスト教のいう罪のもっとも典型的なものを生み出すことになる。すなわちそれは、歴史の中に内在するある特定の自己あるいはある特定の力を、歴史の神の究極的な目的と同一視するということである。神とはこの場合にはもちろん、歴史全体に意味を与える弁証法のことである。このような信仰は、たとえばナチズムのようなシニカルな信条よりももちろん多くの利点を持っている。というのは、このコミュニズムの信仰においては、歴史の中のある特定の権力や利害が、その野心をもって、これまで承認されていた正義や権利の諸基準に挑戦するというようなことを要求しないからである。理論的には、これらの諸基準への挑戦は、ただ暫定的に起こることがある。この信条によれば、歴史におけるプロレタリアートの他の勢力との戦いは、最終的には普遍的な正義の勝利へと導くためのものだということになっているのである。

その上、コミュニズムは、このような宗教を「科学」の言葉を用いて説明することによって、敗北主義的な今日の宗教にあきあきしている世界に、解放の力として登場するのである。さらにこの科学は、自然を技術力によって征服することが可能であるということを約束したのである。しかしこの最後の偽瞞は、コミュニズム的黙示録の宣言に先行して技術的成果をなしとげている西洋世界においてはまったく通じなかったのである。ロシアのプロパガンダ宣伝家たちは、彼らの技術的な開発の方が、大部分、われわれのものより先行しているということを証明しようとこれつとめている。しかし一歩ロシアの外においては、事実はあまりにも明白なので、このような偽瞞は、コミュニズム的な信条を受け入れるかもしれないと考えている人々の間でさえも、ほとんど力を持っていないのである。

このように、東洋の眠れる文化に内在している危機的諸相は、貧しい国と豊かな民族との間の社会的歴史的な緊張と結びついて、コミュニズムというこの擬似宗教に対してもっともらしさと魅力とを与えてしまっているのである。このようなアイロニックな状況は、われわれの工業技術的かつデモクラティックな世界のエートス、とりわけ高度に恵まれたアメリカのエートスが、このような幻想をそこに発生するような世界のエートスとはあまりにも違っているので、この貧困世界における幻想の力がどれほどのものであるかをわれわれが理解することが出来ないでいたという事実から生じているのである。われわれの困難は、この時代の社会現象や政治的な現象についての解釈が純生物学的な次元に隣接する諸次元において認識しようとする西洋の社会科学の近年の傾向によって増し加わる。われわれは、世界の中でわれわれに敵意をもって向かってくる熱狂や混乱に直面して、たしかにそれはいわゆる「攻撃性《アグレシヴネス》」のきわめて頑固な形態だと思わせられることがある。しかしこのような「攻撃性」は単純に生物学的計算によって量られ得るようなものではなく、精神的、歴史的、そして社会的、文化的な諸力が複雑に結び合わされたものなのである。それ故に、われわれは、国際的な「階級闘争」において、コミュニズムがどうも分からないという怒りやどうにもならないという落胆をもっている世界の人びとを魅惑しているという事態に直面しているし、そのような危険の中に置かれているのである。

3

貧困の中にある国々においては、コミュニズムは強い魅力をもっているが、それはわれわれがデモクラシーということで知っているほとんどすべての面についてその世界に感受性が欠如しているその度合に応じて増大してくる。西洋においてはデモクラシーは、ひとつの政治形態であるだけではなくて、生活様式でもある。デモクラシーは、市民たちに高度な識字能力や個人の尊厳に対する感覚を要求するだけではなく、その家庭を超えたより広い共同体に対する責任感を要求しているのである。個人の尊厳についてのブルジョア的見解はしばしば欠陥がある。それはある時には共同体の意味を個人の価値という思想に不当にも従属させられており、またある時には、個人の尊厳を個人の徳と不当にも同一視したりするからである。それ故に、われわれのデモクラシーについての説教は、最低限の日常生活を必死に追究したにもかかわらず崩壊を経験し、あるいはいくらかそこから再建し得たような社会にあっては、まったく妥当性をもたないように思われてしまうのである。

しかしこれらの個々の欠陥がないものとして、デモクラシーはそのもっとも理想的な定式は、東洋の古代文化やアフリカの未開文化とは、一般に考えられている程、直接には関係のないものである。そこではデモクラシーのために必要な精神的前提および社会的経済的な前提のあるものが欠如しているのである。精神（霊）的には東洋は仏教やヒンドゥー教のような神秘的汎神論的な宗教、あるいはまた中国の儒教や日本の神道のような人間中心的集団主義的な宗教によって形成されている。汎神論的な宗教は、個人の精神と物質生活との完全な結合の故に、個人の意義を見出すことができない。そこにおいては宗教的な贖罪の目的は、要するに個人を滅却すること、そして神的統合へ合体することにある。このような神秘主義と儒教の世俗的な人間中心主義との間には大きな隔たりが確かにある。中国の人間中心主義とインドの神秘主義との間にある相違は、東洋と西洋との相違よりもさらに大きい。しかしだからと言って、中国の人間中心主義がその性格からして、個人により意味ある位置を与えているかと言えば、そのように言うことはできない。そこでは個人の生活は家へと方向づけられている。社会的関係と道徳的理想の一切（孔子『五倫』）は、家から引き出される。日本では神道によって、民族全体を神であった祖先へと結びつけ、一種の大家族としての国家を確立しているが故に、あのような固い国家的結合を成立させることができたのである。しかしいずれの場合も個人が集団から独立しているとは言いがたいのである。儒教では、個人の生活がそれへと方向付けられている集団が、さまざまな文化史的な変転を経てきたにもかかわらず、依然として家族のままにとどまっているのである。それ故に国家的な結合は常に不安定であり、危険をともなっているのである。

それ故に、われわれが知っているような「個人の尊厳」というものの精神的な基礎が東洋においては存在しないのである。このことが、中国において、全体主義が一度確立してしまうと、それに対する英雄的レジスタンスがなかなか起こり得ないということの理由でもある。中国でコミュニズムが勝利する以前はこういうことがしばしば語られたものである。つまり、儒教は、一時的であるにしろそれを支配下においてしまうかもしれないような文化的な力を、その前に同化してしまう力を持っているのだというのである。しかし実際にコミュニズムが中国で勝利を得てからというものは、儒教がこのような強靭な生命力をもっているなどということは語られなくなってしまった。儒教においては歴史的なダイナミズムが欠落しているために、とりわけ若い世代はいとも簡単にコミュニズムの思想の餌食になってしまったのである。また自分を捨てることや勇敢さにもまして、とりわけ慎重な態度に徳を感じるという儒教の欠点が、コミュニズムを批判する者たちにまで、コミュニズムの権力に対してあたまを下げるという傾向をあたえることになるのである。それ故に、東洋の神秘的な宗教は、コミュニズム運動の悪魔的なダイナミズムに対して精神的なレジスタンスを促す可能性はほとんどあり得ないのである。

デモクラシー社会というのは、社会の立場から、個人の良心が侵害されるというような場合には、そのような権威に対して挑戦したり、個人を家族というような第一次的な共同体よりは、さらに大きな共同体〔の利益〕と関係付けるというような両方の能力を個人に要求するのである。西洋のキリスト教の伝統における高度に発展した人格的自己（self）の自覚というのは、この伝統が持っている長い精神史によって支えられているものである。しかし西洋においてすら、このような自覚が完全に開花したのは、商業的、工業的な意味での発展によって、西洋の封建主義社会の有機的な形態が崩壊してしまってからのことである。近代社会における複雑で、多様な共同体は、個々人を相互補完的な忠誠と相互矛盾的忠誠の中に巻き込み、そのことによって個々人の自立の新しい段階までつくり上げたのである。同時に、技術の発展は人間のコミュニケーションの可能性を増大させ、それによってより広域の共同体が、政治的な権力によってだけではなく、精神的文化的な結合によっても、成立するようになったのである。そして技術社会の持っている技術力と流動性のある財産形態が、個人を世襲的な財産や職業意識から解放することになったのである。

つまりデモクラシー社会というのは、東洋において欠落しているような精神的、文化的な基盤だけではなく、未開文明や伝統的な文明がなおも獲得できずにいるような社会的、経済的な基盤をも必要とするものなのである。それ故に西洋では高い価値を持っているデモクラシー社会のさまざまな事柄は、西洋社会の外に出れば、理解されないばかりか、求められもしないのである。そのようなことから封建主義的な不正に対する怒りを持った若者たちが、正義を約束する新しい集団主義的文化の原理を容易に選択してしまうということが起こるのである。しかしそのような若者たちが、そのような選択によって全体主義的な専制支配が生じる結果を招くことになるということを認識しているかといえば、決してそのように言うことができないであろう。たとえ彼らがそれを理解していたのだとしても、彼らが西洋の場合と同じ悲痛な思いをもって自由の喪失を感じとることは期待できないのである。

4

もしわれわれが非技術的な世界においてデモクラシーをただちに成功させようとして惹き起こす文化的な、そして社会・経済的な災害を考慮し、そしてなぜ今日の世界においてコミュニズムがこのような魅惑的な力を持っているのかその原因について検討するならば、われわれは、これから数十年にわたって、非工業化世界においては専制的な政治が拡大する脅威に直面せねばならないという結論に至らしめられる。もちろんわれわれは、このような拡大を阻止するために有効的で可能な戦略的、軍事的な方策を行使するであろう。しかし、われわれはこのような拡大が生じたのが、ある特定の政府や行政の機関の政治的、戦略的な誤算によるものだというように誤信し、そのためにヒステリックになることを避けるべきである。幸いなことは、非工業化社会は、われわれの安全に対してその死命を制する程の技術的資源を持っていないことである。さらに幸いなことは、われわれと日本、そしてフィリピンのような国との間には、精神的・道徳的にみて純正な親和関係が存在しており、そのことが太平洋上の、いわゆる「環太平洋地域の島々」の安全を保持することを可能にしていることである。しかしこれらのアジア文化諸国の中にさえもコミュニズムが浸透していくという危険性を曖昧にすることはあってはならない。

しかしわれわれは、このような戦術上や政略上の可能性ばかりを考えることによって、より大きな歴史の流れのことを忘れてしまってはならない。この大きな歴史の流れの中で、われわれは技術力の発信地に対する貧困諸国の人々の反乱や抗議に直面するはずである。そこでは正当な怒りばかりではなく正当ではない怒りも奇妙な仕方で混在しており、また、より大きな福祉を求める正当な欲求が幻想的な希望とときほぐしがたくもつれ合ってしまっているので、この混乱状態から秩序をとり出すためにはなお数十年を必要とするであろう。自由と専制とを対比させ、その専制をはぐくむユートピア的な幻想をよく見ないようなスローガンをただくりかえしつづけるのは知恵がない。コミュニズムは単にナチズムの第二版ではない。ナチズムはあらゆる正義の規範にチャレンジするという道徳的にシニカルな信条であった。ナチズムは高度に発展しかつ洗練された文化の退廃の中からでなければ発生しないような道徳的ニヒリズムを代表しているものであった。しかしコミュニズムの場合、正義に反抗するというのではなく、正義の名において語り、ひとつの民族やひとつの国家の優位性ではなく、外面的には普遍的な社会の確立に熱心であり、ナチズムよりも広く人々にアピールするような道徳的ユートピアンの信条なのである。シニカルな信条よりも幻想的希望の方がはるかにひどい残虐や専制を生み出す可能性があるわけだが、その事実が認識されるのは、人間の歴史の中では歴然たる悪よりも善の腐敗の方が、一見もっともらしい外見をもってかえってはるかにひどく危険なものであるということが理解される限りにおいてのみである。

現代世界におけるコミュニズムの興隆は、キリスト教文明に対する挑戦という点では、中世におけるイスラム教の興隆に肩をならべるような出来事である。そしてわれわれがコミュニズムに対して今とっている方策は、十字軍にその特徴が出ているのと同じような、リアリズムの欠如によって形づくられたものである。イスラム教の力は最終的に衰退していったが、それは敵によって滅ぼされたというよりは、イスラム教が内部における腐敗によって自ら滅んでいったと言うべきであろう。トルコのスルタンが国家の政治的かしらであり、イスラム世界の精神的かしらでもあるという二重の役割を負うことが結局は不可能であることが認識されたのである。スターリンは要するにコミュニズムという世界宗教の中でこの二重の役割を担おうとしているのである。最終的にはスターリンも彼の後継者たちも、ロシア国家の権力欲的衝動を、一応世界的といわれる政治宗教のメシア的な幻想の中へととり込んだことの罪に対する判決を受けることになるであろう。もしわれわれがこのような宗教のもつ幻想を養っている深い源泉と、これらの幻想を育てている社会的怒りの性質、そしてこれらの幻想が結局は偽りであることを明らかにするにちがいない生活の諸事実をよく理解するならば、われわれは差し迫った危険に対処する措置はもちろんとっていくことになるけれども、歴史の長い流れの中では、必要な忍耐を持つことができるようになるのではないかと思うのである。

第七章　アメリカの将来

1

国家は、相矛盾する誘惑にかられることでは、個人の場合と同様である。国家は、国家が持つ権力についての責任から逃れようとしたり、国家が持っている潜在的な能力を発展させることを拒否したりする誘惑にさらされている。しかし逆に国家が、自らの諸限界を承認することを拒否し、有限な存在であることを忘れて、それ以上の大きな力を要求することもあり得るのである。当然のことであるが、人間や国家の潜在能力には特定された限界というものは存在しない。それ故に、人間の創造性の正常な表現と、人間がその自由に求められる責任を拒否するような怠慢さや個々人や集団の力を過大評価してしまう高慢さとを見分けるためにひかれた明確な一線というものも存在しないのである。しかしながら、これらの悪の極端な形態を識別することは可能であるし、極端な形態と標準的な形態の間に存在する悪の多様な影を認識することもまた可能なのである。

人間の自由に対する責任を拒否したり、人間の潜在能力を十分に発達させないままにしておこうとする誘惑は、強者よりはむしろ弱者に対しておそいかかるものである。聖書のたとえ話しによれば、「受けた宝を地の中に隠しておいた」人間は、ただ「一タラント」だけを受けとった者であった。それ故に、われわれアメリカは、この数十年の間にわれわれをおそったさまざまな誘惑に打ち克ってきたことを、決して自分の手柄にするようなことはあってはならない。この国のように豊かな潜在能力を持っている国が、孤立主義の誘惑におそわれ、世界的な責任から逃れようとしてきたことは、これまでの世界の歴史にはあまり例をみない現象であった。さまざまな要因がこのような誘惑のもつ説得性に強く影響を与えた。われわれは非常に力を持っているように思えたし、この国が大陸であるということからくる安全感は（一般的に考えて）確かなことのように思えたので、われわれは悩みの中にある世界のことなどおかまいなしに、われわれの生活を営み得るという幻想に夢中になってきた。またヨーロッパ文明の悪といわれるものに対してわれわれの徳が優っているという優越感や、われわれが世界政治の騒動の中に足を踏み入れるならば、われわれの持っているイノセンシーを失うことになってしまうのではないかという恐怖心が、名誉とはいえない慎重さに加うるに精神的な虚栄心をもまじえてわれわれの無責任さの第二の原因を生み出したのである。われわれは、戦争のたえない世界の諸悪から逃れることができ、既にその崩壊が予感されている老朽化した文明のただ中でこの健全な文明を守り切れると考えてきたのである。この新しい始まりのためトウモロコシを提供するというこのような希望は、責任感なき権力が打ち出す政策であって、道徳的なアイデアリストたちがシニカルなリアリストたちと結託するよう説得しているようなものである。

しかし人間生活というのは、ただ相互関係においてのみ健康なものであり得る。そして近代の技術の成果は、人間間や国家間の相互依存を進行させてきた。それ故に、われわれは安全ではない世界の中で実際安全であることはできないのであろうし、文明の運命を犠牲にして、個人の安全を買いとろうとしても、そこに生きるに値いするような人生を見出すことは不可能であるということが明らかになってきたのである。この認識をわれわれは第二次世界大戦中からその戦後にかけてもてるようになった。それはわれわれの国民生活の運命的な転換点となった。アメリカと友好関係を持っている国や同盟国の間には、アメリカがはたして諸国家間共同体の問題に対して無責任な態度から責任ある態度へと転換したのかどうかということになお不確かさを感じている向きもあるようである。将来の過ちについては言うことはできないとしてもアメリカは「自分のタラントを地下に隠す」という誘惑からは最後的に勝ち得たと公言してはばからないのである。

しかし、われわれがそれに勝利した誘惑とは、実は強者よりも弱者に向けられた誘惑であった、ということを思い起こすならば、われわれはこの勝利についてあまり大きく評価することはできないであろう。事実、われわれがこの誘惑に勝利したということは、われわれが弱者ではなく、実は強者になっていたということを次第に認識するようになったということと関係している。実際われわれは大変な強者になったのである。

注目すべきことであるが、昨日まではわれわれが若者らしい無責任さに戻ってしまう可能性を恐れていた世界が、今度は、この国が持っている力が濫用される可能性について心配しはじめているのである。われわれはそのような判断の不公平に腹をたてるよりも、このような恐怖感を人々が抱くことの正当性の方をむしろよく理解すべきなのである。個人的な形態であろうと、集団による形態であろうと、権力が行使される際それを用いる知恵がイノセントなものであると過度に評価する危険にさらされるのが、人間本性の特徴なのである。それ故に、友好関係にある諸国や同盟国の不安は、人間がそれを直感的に権力のもつ誘惑であると感じているものに対する人間的に自然な反応にすぎないのである。ヨーロッパのある政治家はこの問題について次のように述べたのであった。「われわれはアメリカがわれわれをコミュニズムから救ってくれたことを感謝している。しかしこの感謝は、われわれがアメリカの植民地となるのではないかという恐れをとり除いてくれない。その原因はアメリカの力とヨーロッパの弱さという状況の中に存在している」。この政治家はアメリカ的生活の中にある純粋なアイデアリズムの系譜を指摘された時にさらにこう答えた。「アメリカのアイデアリズムは、アメリカをその権力のひどい乱用から防いでいることはたしかである。しかしそのことが、逆にヨーロッパ人の直面する危険を増大することになってしまうのではないか。なぜならアメリカのアイデアリズムに奉仕するアメリカの力が造り出したものは、あなたがたが間違いを犯したときそれを矯正するような力をわれわれはもっていないし、またあなたがたが自らを訂正するにはあまりにもアイデアリスティックすぎるというような状況である」。

世界共同体におけるアメリカの地位の徳と危険についての思慮深いこのような判断は、世界においてわれわれが置かれた地位にまつわる危険性を正しく描き出している。われわれのもつ道徳的な危険性とは、意識的な悪意やあらわな権力欲というようなものではないのである。この危険性を認識できるのは、われわれがわれわれの徳に過度にたのむ時にはその美徳が悪徳に変わってしまうという徳のアイロニックな性格を認める時であるし、また権力を用いる知恵に過度に自信をもつとかえってそれは腹立たしいものになってしまうという権力のアイロニックな性格を認める時だけなのである。要するに、アメリカの歴史におけるアイロニックな要素は、アメリカ的アイデアリズムが、人間の努力の限界性、人間の知恵の断片性、権力の歴史的な形態の不確実性、そして人間の徳の中に悪と善とが入り混じっているという現実を受け入れることができる時にのみ克服され得るのである。アメリカが世界共同体の建設に際して、道徳的にも、精神的にも参与することに成功するためには、アイデアリストたちが警告するような悪に注意するということよりも、アメリカのアイデアリスティックな構造を再検討することが必要とされているのである。このアイデアリズムは人間の徳や知恵や権力の中に存在するアイロニックな危険性をあまりにも軽視しすぎているのである。またこのアイデアリズムは、幸福という目的にむかって一本のまっすぐな道があると確信しすぎている。またこのアイデアリズムは、人間や国家をその目的に向かってみちびく知恵や理想に自信を持ちすぎており、最善の人間と最高の国家の行為の中にさえ多く見出される善と悪との奇妙な結びつきについて見る目がないのである。

2

われわれが置かれている歴史的な状況の中で、アメリカのアイデアリズムが持っている諸問題をさらに悪化させることになるかもしれない二つの側面とは、ひとつには今日の世界的な状況の中でアメリカが持っている権力が過度に巨大化しているということであり、もうひとつは今日の国際的な状況においては専制的な政治に対して和解すべきか勝利すべきか、いずれにせよはっきりした道が示されていないということなのである。第一の側面は、われわれがわれわれの同盟国との間に真実の共同関係を形成しようとするとき危険をはらんでくるという問題である。なぜならば、権力というものはそれが正当化されているか否かは別として、どちらかといえば力のない側に、恐れや怒りを生じさせるものだからである。第二の側面は、歴史の動きが緩慢であり時には矛盾しているのでそれで我慢できなくなりまたそれに挑戦したくなるという誘惑をはらんでくるという問題である。アメリカはこのような手に負えない歴史の運命の諸力を相手にして忍耐を要するチェス・ゲームに加わらねばならないのだが、そうするにはアメリカは自らの権力の意識においても、また美徳の意識においても、あまりにも自信過剰になり過ぎているように思われるのである。もっとも強大な力を持つ国民であっても、またもっとも賢明な将来計画を持っている人びとであっても、歴史過程の創造者であるだけではなく、その過程の被造物であることにとどまるのである。そのことを忘れてしまうならば、その忘却の故に、自らの国に、いや世界に対して禍をもたらすことになる可能性がある。人間は歴史的な運命を越え出て簡単にそれに勝利することなどできないものなのである。

われわれが持つようになった度外れた力の危険性について考えるとき、このような力を持っていることが、世界共同体の形成へ、いくつかの現実的な有利さをその中にもっているということを容認するにやぶさかであってはならないであろう。もし非コミュニズム社会陣営が、それぞれ権力を均等に所持していたとすれば、おそらく現在達成されているほどの国家間の結合さえも実際には困難になっていたであろう。これまでの国家共同体がカオスを克服する最初の勝利を獲得できたのは、競合する諸力のもたらす混乱を抑えることができるほど十分な支配力をもつある特定の強国の構成的エネルギーによってのことなのである。こうして、エジプトやメソポタミアの支配的な都市国家が、いわば人類史における最初の大帝国の秩序と国家間の結合という責任を担うことになったのである。今日の国際社会という舞台で、アメリカはその優越的な力をもって、これと類似した役割を演じていると言い得るかもしれない。それだけではなくて、アメリカの文化の中には若者がいだくような歴史的可能性への信仰、つまりヨーロッパ諸国内に見出される精神的倦怠、東洋諸文化内に見出される敗北主義に対して創造的な意味でしばしば対比されるどんな問題でも解決できないことはないという確信が存在している。世界共同体の中でアメリカが指導的な地位を確保するとすれば、この国の優勢な経済力に求められるのと同じように、弾力性のある活力をもっていることに帰着するのである。

それにもかかわらずこのように大きな権力の不均衡は、たしかに秩序形成の最低限の基礎ではあるが、正義や共同体にとっての道徳的危険要因ともなるのである。力の不均衡は、ふたつの点で共同体形成の危険要因となる。ひとつには力において弱い国民の間に怒りと恐れとを生じさせるからであり、もうひとつには、その弱さの故に強者をしてそれを受ける側の利害や見方などを一顧もせずに力を行使してもかまわないと誘惑するからである。現代のデモクラシー国家は三つの点で権力を正義のために用いるように努力してきた。まず第一にデモクラシー国家は政治的な権力や経済的な権力を分散させることで、権力の不当な集中を阻止しようとした。第二にデモクラシー国家はその権力を社会的、道徳的な批判のもとに行うことを試みた。第三にデモクラシー国家は権力に対してそこに内在する宗教的、道徳的な面でのチェックを試みようとしてきた。

これらの三つの方法のうち、第一の方法は、今日組織化が開始されたばかりの国際的な共同体には適応しない方法である。個々の国家のそれぞれが所有する力は、総体的なものであって、如何ともしがたい運命的歴史的な事実として受け入れなければならない。もしアイデアリストたちが、このような権力の不均衡は、地球規模の憲法体制を制定することで解決されると考えているとしたら、それは政治体制の現実を認識していないということになるであろう。来たる数世代の間に、過去数世紀にわたって高度な結合力をもっていた国家共同体がなしてきたことに優る機能を果たし得るような世界政府を生み出すということはまず不可能なことであろう。もっとも健全な近代国家においてさえ、共同体におけるあらゆる人々の生活を均等化しようと過度に厳格な試みをなすならば、それによってその国家が持っている社会的な生命力を破壊してしまうことは明らかであるように、近代国家はせいぜいその権力をゆるやかな仕方で均衡させる程度で満足しなければならないのである。こうして来たる数十年ぐらいは、アメリカの持つ権力の優越性は、現在あるものより以上によくできた世界憲法体制の有無にかかわらず、ひとつの動かない事実なのである。もしそれが消滅するというようなことがあるとすれば、そのことは世界憲法体制ができるとかによってではなく、むしろ新しい勢力が台頭するとか古い勢力の新しい連合が成立するとかによってとって代わられる場合であろう。

第二の方法、すなわち権力を社会的かつ政治的な批判のもとに置こうという方策は、国際的な共同体がようやく始まったばかりではあるが、ひとつの可能性をもっている。国際連合がコミュニズム世界と非コミュニズム世界との間の亀裂を橋渡ししようとする機関（その仕事においては最低の成果しかあげていないが）であるだけではなく、デモクラシー諸国家の間の最強の国家でさえも、自らの政策を世界的な世論の審査をうけねばならないような機関としてしっかり確立されるならば、それはアメリカにとってだけではなく世界にとってもよい健全な発展なのである。このようにして権力の傲慢から生じる避けがたい逸脱は、矯正を受けることになる。もしばらばらな状態にあるヨーロッパが、このような国家間協議の場で今日可能な共同関係以上の発展を得ることができるのだとすれば、それは世界共同体の平和と正義のためにより大きな希望を与えることであろう。どのような国家にとっても、またいかなる個人にとっても、そこで他の国や他の個人がその現実についての特定の見方をつくり出すその独特な環境や歴史を完全に理解することなどは不可能である。それ故にどの国家も断片的知恵しかもてないのであって、それをいつわって全知のようにまつり上げられることがあってはならない。そういうことは弱者があまりに弱くて強者の見解にあえて反対することもできないときに得てして発生するものである。コミュニズム国家の内部だけではなく、コミュニズム国家間の交わりの中でも発生する専制主義的状況は、最終的にはその世界の共同体をも破壊してしまうことになるにちがいない。

また、アジア世界の国家が、自由諸国の協議の場で、西洋諸国が持っている避けがたい偏見を同様な仕方で矯正し得るような発言権を得るようになることは望まれて然るべきである。

このような批判の健全な例をひとつ提示するとすれば、ドイツの再軍備化に関するアメリカの政策は、その企てに対してヨーロッパで感じられていた道徳的政治的危害についてあまりに無関心で早計すぎるという批判がなされたが、そのことは今日では一般に認められていることである。しかし他方で、ヨーロッパには、非コミュニズム的世界の共同体の中にドイツを全面的にとり込むことや、それに付随する共同体の共同防衛のための権利を与えかつその責任を承認することを妨げる、いろいろな恐怖がなお存在していた。この問題についてのとりあえずがまんできる解決は、アメリカの立場とヨーロッパの立場の妥協によって達成されたのであった。このような仕方で、建設的な総合が、権力の不均衡という危険な状況の中にあっても達成されたのである。

多くのヨーロッパ人がそう考えているように、ヨーロッパはその戦争を回避しようと欲しているのに、その戦争にアメリカは勝利することにあまりに熱心になっており、また逆にアメリカ人がそう考えているように、ヨーロッパは必死にこの戦争を避けようと欲してかえって決断力の不足の故に闘争をもたらす結果になってしまうというのならば、これら二つの見解は、それぞれを相補うような形で同じような両者の創造的統合が起こることが望まれるのである。この両者の統合の真価がためされるのは次のような時点にきたときであろう。すなわち、アメリカの戦争準備が最高度に達し、しかもそこにこれら近代兵器が急速に陳腐化する恐れがあり、軍備をたえず新しくして行くためにひき起こされる経済的重荷に耐えられなくなって、アメリカの戦略家たちが最終的に勝負に出た方がよいという誘惑にかられる時点である。もちろんこのような状況の中で多くのアメリカ人たちは予防戦争に乗り出す誘惑には強く抵抗するであろう。しかしもしこのような決定が、〔アメリカのような〕強大な一国家に関わるのではなく、多くの国家の共同体に関わることだということになれば、アメリカの決断は一層堅固なものとなり、このような主張は成功の可能性が高くなるであろう。

権力の行使に訓練を与える第三の戦略、つまり内部に宗教的、道徳的な抑制を形作るという課題は、普通は正義の形成のことだと考えられている。「各人にその人の分」を求める傾向は、そのような訓練の目的のひとつでもある。しかしこのような訓練において、きわめて大切なことは、謙遜というセンスであって、それをもって個人とくらべて国家の方は他者のもつ権利や要求の理解能力に欠けるということを知っておくことである。過度に正義に確信をもつことは、逆に不正義を招くからである。人間や国家が「自らの事件の裁判官になる」かぎり、当然利害のあらそいの相手方よりも味方の利害に敏感になってしまうという人間的弱点をさらけ出すものなのである。

それ故に、「正しい」と自認する人間や国家は、彼らの道徳的偽善を簡単にあばかれるというアイロニーに巻き込まれてしまう可能性がある。

人間同士のものであれ国家間のものであれ真正の共同体なるものは、お互いを必要とするという自覚——もちろんそれはそうなのだが——だけで成立するものではない。なぜなら、その自覚だけでは、強者が彼らの自己実現の手段として弱者たちの生命を用いることさえ可能とするからである。真正の共同体なるものが確立されるのは、ただ、「他者」つまり生命の別の形態、あるいは他の独自な共同体とは、われわれの野心がそれを越えて行ってはならない限界、われわれの人生がそれを越えてさらに広がって行くべきではない境界であるとみとめる承認をもってお互いを必要とする認識が補われるときだけである。

多くの真正の共同体は、道徳的アイデアリズムの意識レベルの下方につくられるかそれともその上方につくられるかという事実は興味深いことである。そのレベルの下方にわれわれは、自然と自然の歴史、性や血縁、共通言語と地理的条件によって決定された一体性の強い諸力が働いているのを見出す。そのアイデアリズムの意識レベルの上方において共同体形成にもっとも有効に働く力は宗教的な謙遜である。この宗教的謙遜はその中に、他の集団の人間がもっている虚栄心はそれによって被害を受けるわれわれ自身の中にある虚栄心と似たりよったりで、そこにあるいは程度の差はあるにしても性質は違っていないことを心を開いて容認することを含蓄しているのである。またこの宗教的な謙遜は、他人の生の神秘や大きさへの宗教的センスをも含蓄するものであり、もしわれわれが自分の立場からそれを完璧に理解しようとするならば、それを侵害することになることを感じとるものである。

共同体がこのような精神的資源を持っているということは、わが国のアイデアリストたちが好んでふりかざす抽象的な憲法的図式よりも重要なことなのである。これらの図式の大部分は、よく検討してみるならば、アメリカよりも貧しい国が経験するであろう脅威や不安については関心がないのであって、力ある者や何の不安もない人間たちがつくった人間結合体におけるもつれ合った諸問題に耽溺する単にセンチメンタルリズムを示しているに過ぎないものなのである。

3

現代状況からアメリカ的アイデアリズムへと向けられた挑戦の第二の特徴は、専制的な政治に対するデモクラシーの勝利を目指すべきか、それとも、二つの権力の中心の間にある運命的な闘争の平和的な解決を目指すべきか、いずれもそれに対する確かな保証がないということである。

われわれはこれまでにリベラルな時代の幸福や美徳の夢に対して、とりわけアメリカの希望に対して、いかに現代史の悲劇的なジレンマや悲哀的な不確実性とフラストレーションがアイロニックな反駁をなしてきたかということを考察してきた。もしわれわれが直面するこのようなアイロニックな状況を回避しようとするならば、将来を洞察する人間や国家の能力としてわれわれが現在保持しているような発想は修正されねばならないであろう。そしてまた歴史のプロセスに巨大な国家がその力を行使すれば彼らにそう見えるような論理的で適切な結論へともたらすことができるというような発想も修正されねばならないであろう。

歴史のフラストレーションと取り組むわが力ある国家の困難、また確実な成功の約束をもつことなく大変な努力をしなければならないという状況の中での忍耐は、近代文化全体の困惑をきわめて鮮明に象徴するものである。このような困惑は、人間が歴史の支配者だと自らのことを考えていること、また強大な国家として現われ出ている集団的人間をも含めて、人間がこれら歴史的諸力によってつくられた被造物であるということを忘れてしまっているという事実から生じているのである。人間は創造者であり、独自の自由を与えられているのだが、彼は「前うしろを見まわしては存在しないものを欲しがっている」ような存在でもある。人間は生活に直接必要とするものとは関わりのないような人生の目的や目標を見つめる存在なのである。また人間は、その時代における文化的社会的構造を建設したり調査したりして、それが陥るかもしれない窮境を認識し、この窮境からその世代を救い出すためのさまざまな手段を生み出してきた。もし人が今生きているこの時間の上にみずからを引き上げることをしなかったなら、また彼の文明の将来の福祉に責任を感ぜず、また現時点までのぼりつめてきた人間歴史の栄光と悲惨のドラマ全体に何の感謝もないならば、人間は充全なる人間とは言えないのであろう。

しかし最強の国家あるいは諸国家の同盟さえも、それ自体歴史のドラマを構成する多くの力の単にひとつにすぎないのだという事実は忘れられないものである。またこのドラマを構成する他の意志や目的との葛藤が、真実の歴史の意味を見つけ出すことを困難にしてしまうような奇妙な様相を歴史のドラマに与えるということも忘れられやすいものである。この歴史のドラマをあるあらかじめ構想された秩序に服させようとすることはさらに困難なことである。われわれは既に、デモクラシー世界の希望に反対する手に負えない力の主な原因が、歴史的諸力を合理的秩序についてのその概念枠内に還元できるという熱狂的な信仰を持ったひとつの政治的な宗教から生み出されているというアイロニックな状況について考察してきた。この宗教が、西洋世界の技術革新の進行に立ち遅れてしまいって崩壊寸前であった封建社会に不思議とアピールすることになったという事実は、歴史の中に存在する、理解しがたい事実のひとつである。このようなことになるとは誰も予想しなかったわけだが、もしわれわれが、非技術的世界が持っているわれわれに対する愛憎両義的な思いやためらいに対して、われわれが持っている権力を誇示するのではなく、またわれわれの「生活様式」の優越性を主張することによってそれを単純に克服しようとしないならば、われわれはそのような宗教のアピールに対して対抗することができるであろう。

われわれは歴史の創造者として、歴史のプロセスの中には確かに「論理《ロジック》」が存在しているということを十分に識別することができる。またわれわれはようやく始まったばかりの世界共同体の発展のために、この共同体の生命をよりよく結びつけて行くためのグローバルな政治機関が必要とされていることをもよく知っている。しかしもしわれわれが、このロジックを容易に歴史的現実へと化することができると考えるなら、それはわれわれ自身が歴史的な被造物としてもっている人間の限界性を見落としていることの証明となるであろう。なぜなら世界的憲法秩序の確立は、彼なりの類似な体制を構想して断固それに反対する者〔コミュニスト〕たちによって挫折させられるだけではない。それは〔歴史の〕被造物としての人間が持っている限界性の故になかなか進行しなくなるのである。これらの中でもっとも重要なことは、人間の共同体というのは、必ずしも人間の精神や意志だけの産物ではないという事実である。人間の共同体は確かに「有機体的」な成長〔の論理〕の支配のもとにもある。この事実は人間の共同体が「自然」との関係を無視することができないということを物語っている。なぜなら人間の共同体の結びつきの力は自由の領域よりも、部分的にはむしろ自然必然性（すなわち血縁や地縁といったもの）から引き出されるものだからである。たしかにこのような結びつきの接着材は純粋に自然的なものではなく、たとえば歴史的な伝統や人間同士の共通の経験に基づいている場合もあるが、そのような場合でも、この接合力は純粋に自然な領域に存在しているとも言えないし、純粋に意志の果実だということもできないのである。ひとつの例であるが「北大西洋共同体」が現実となり得るのは、確かに一方でここには共通の文化遺産が存在しているということ、またさまざまな歴史的な危機的事態がこのような共同行動を要求しているということに基づいている。このような相互に責任を負い合うための制度の成立のためには、始めから終りまで貫ぬく明瞭な意志決定過程が必要とされる。しかしこのようなごく限られた地域での国際共同体でさえ、ひとつの明瞭な政治的な意志行為によってよき結び付きを持った共同体へと構成されることができるかと言えば、それは不可能なことなのである。だからそれぞれを結びつける共通した文化的な伝統を持たずに、ためらい勝ちな人間の意志に困難な決断を強いるほどの危急の状態に当面は直面することもあり得ないような場合、そこでグローバルな共同体あるいはより小さい地域的共同体において安定した政治的な結び付きを保持することは、当然のことであるがさらに多くの困難をともなうことになる。

これらすべてのことは、歴史的な運命の支配とは、その中に働く強大な諸力を単純に否定したり無視したりするというよりは、それらを〔善へと〕だまし用いたり、屈折させたり、変形させたりするという曲りくねった道であるということを経験的に知っている政治家ならば、直感的に理解していることである。アメリカにおける大きな問題は、このような経験的な政治家の知恵が、一応それよりも「アイデアリスティック」と言われる現代の科学からは、愚かしいとしばしば軽蔑されているということである。このようにしてわが国の良心はまさに精神分裂的な状況を呈する。世界政治にはつきものである失望やフラストレーション、あるいは不合理さなどは、「非科学的」失敗だと誤解される。もし過度な政治的な権力を持った国家が、歴史における人間の知恵や意志の限界を理解しないアイデアリズムによって方向づけられるならば、その国家は歴史的な可能性の限界を越えるという、二重の誘惑にさらされることになる。

4

しかし、歴史的な限界の認識が、これまで守ってきた価値や歴史的な成果を否定することと結びつく必然性というのは存在しない。歴史的なプラグマティズムはオポチュニズムの断崖をのぞむ地点に立つが、その深淵に落ちるようなことをしてはならない。たとえば、自由世界のもつ諸価値を守ることの困難のゆえに専制へと向かうようなことがあるべきではない。またグローバルな共同体を確立するための仕事につきまとう困難さのゆえに、国家への忠誠こそが歴史における究極的で道徳的な可能性であるかのように考える考え方を安易に受け入れるようなこともあってはならないのである。また「未来の波」に敬意を表したり、また過去からの惰性に譲歩したりすること、そのどちらも、ユートピア的な幻想によって歴史的な困難から逃避することと比して、嘆かわしくもさらに悪いことなのである。

人類は歴史のコースの全体を通して、それほど成功の希望がないままで幸福や生命を危険にさらしまたその代価を払ってまで悪に抵抗したヒーローたちに対して、ある真実なる精神的本能によって最高の賞讃を与えることを留保してきた。確かにそのような英雄たちが、成功か失敗かというような結果を気にしなかったことが、彼らの成功を可能にするスタミナを与えるということもあった。また信仰の英雄たちが、約束の地の前で息絶えて行くこともあった。歴史の中に存在する可能性と不可能性に関する逆説的な関係は、歴史の枠組みなるものが、歴史の基盤となる自然的な時間よりも広大なものだということを証明している。「身体を殺しても、魂を殺すことのできない者たちを恐れるな」（マタイ一〇章二八節）というキリストの戒めは、人間の生命と歴史とが自然の中で持っている基盤を超越する次元を人間が持っていることを意味している。それはキリスト教だけのことではなく、他の宗教においても、命を失うことを恐れたり、人前で成功を治めようと努力することが、結局は人生の意味を失うことになってしまうであろうことは理解されている。もしこのことが正しいならば、徳と幸福との間には、あるいは目前の成功と究極の成功との間には、単純な相関関係は存在しないということになるのである。

集団としての人間は、個人としての人間がもっている可能性、つまり歴史的に確認できないような目的のために（歴史的安全の保証を意味する）「身体」をも犠牲にするというような可能性をもって、たとえば国民としてならば専制君主に対して自らの自由を守るために大きな犠牲を払うことをなすこともあり得るということを歴史は証明してきた。リベラリズムの文化は、この人間の最高の可能性を単純に歴史的に達成できると見なしたり、またすべて歴史の中にある悲劇的矛盾的要素を簡単に乗り越えられる暫定的なものと見なしたりする傾向をもっているが、それがわれわれの時代精神をきわめて無批判にもセンチメンタルなアイデアリズムと思慮分別との同一化の中に浸潤させてしまい、その結果歴史的事態の中でヒロイックな行為やヒロイックな忍耐の位置を見出せなくしているのである。それにもかかわらず、この国とその文化とが正義と平和という歴史的な課題を達成し得る唯一の可能性は、それが成功するかどうか完全な確実性は度外視して、われわれが犠牲を払い、努力し続けることができるかどうかということにかかっているのである。

もし成功の展望がまったくないと言うならば、われわれは専制からこの世界を救済するのに要求される重荷に耐えることはできないであろう。歴史の中での希望のこの度合が必要であるのは、それが個人とは区別される集団としての人間の精神的な身の高さをますからである。個人的人間の間でさえほんの少数の人々だけが、歴史的な可能性についての英雄的でノンシャランス（自分を顧みない）な高みにまで至ることができるのである。しかし国民は所与の状況の中では、何らかの成功の展望なしにはその使命を果たすことができないわけであるが、同時にまたもしその国民が目先の歴史的可能性だけに熱中して幻想や幻滅のくりかえしにいつもふり廻されるだけならば、いかなる偉大な努力にも断固とどまりつづけることはできなくなるのである。

歴史における悲劇的な栄枯盛衰に慣れてしまったヨーロッパの諸国民がアメリカが世界共同体においてリーダーシップをとることに依然として憂慮している事実は、アメリカが自然の支配を歴史の支配と同等なことと見なす、その独自な「テクノクラティック」な傾向の故に、歴史の曲りくねったコースの取り扱いに必要な忍耐を失わしめる誘惑に負けるのではないかという恐れに基づいているのである。われわれはそういう事実の避けがたいフラストレーションの故にヒステリックになるかもしれない。またこのフラストレーションを克服するための究極的な力ずくの手段を行使することによって、近代史全体を悲劇的な結果へともたらすような誘惑にかられるかもしれないのである。そのような手段を政治的な用語で表現すれば、それは「予防戦争」というものである。それは今日直接的な誘惑としては感じられてはいないが、一〇年、あるいは二〇年先にはこのような誘惑に陥る可能性がないとは言い切れない。

もちろんデモクラシーが、明らかな「予防戦争」をする可能性はない。しかし軍部のリーダーシップは、戦争が不可避であるという地点にまで危機を高める可能性はある。

ある国民に対するそのような誘惑の力は、これまで長い間その可能性の増大に慣らされてきて、最近になってフラストレーションへと抑止されてきたが、敵意の強い状況の中に発生する常軌を逸した精神状態によって強いものとなっていくのである。敵国がいつまでも協調的でないという確実さは、不確実な未来において唯一動かない事実のように思われてくる。国家は明らかに個人よりも、頑迷かつ非良心的な敵に対面して判断の健全性を保つことが難しいのである。憎しみは精神の内に残った平静さのすべてを撹乱し、復讐心は精神的健康の溜め池を泥沼化するのである。今日の状況を省みるならば、わが国の政治家のうちのもっとも健全な判断力をもつ人であっても、もっとも低級な政治家たちが開発悪用してきた方法であるのだが、国民の恐れや憎しみの気分に、自らの政策を合わせることが好都合と思い出した。こうしてこの国の外交政策は、一種の動脈硬化による硬直化に襲われている。敵がそれほどきびしく憎悪されてよいかということは不断に証拠をもって検証されねばならない。困ったことは、その唯一説得的証拠とは、憎らしいと思っている敵と有効に戦うため実に不可欠であるあの識別的判断を否定することにあると見えることである。この恐れと憎しみの精神に勝利を得ることは簡単ではない。それは簡単なアイデアリズムの力にあまる仕事である。なぜならば、ナイーブなアイデアリストたちは、自らの徳の問題に没頭しているので、人間の持つ弱さやもろさという共通の性格を深く理解していないのであり、また最大の悪人の悪ともっとも有徳なものの徳との間には実は隠された近縁関係が存在することを思い起こすに堪えられないからである。

5

アメリカの状況は、現代人の置かれた精神的困惑についての鮮明なシンボルである。なぜならアメリカの力の状況は、テクノクラシー文化が陥り易い、幻想を生み出す傾向になっているからである。歴史の問題に対するこのようなテクノクラティックなアプローチは、誤って人間が自然の支配者であるように、すなわち歴史的運命の支配者でもあるとして、それによってきわめて古い人間本性理解の欠陥を深めることになる。その欠陥とは、すべて人間の業績や権威における限界を賢者や強者や有徳といわれる者は蔽い隠したり否定したりする傾向である。

アメリカのアイデアリズムの特別な性格に帰せられるアメリカの外交政策の弱点をきわめてきびしくえぐり出した批判は、最近、外交政策に関するもっともすぐれた専門家のひとりジョージ・ケナン氏によって提示された。(注1)

（1） George F. Kennan, *American Diplopmacy*, 1900-1950（邦訳『アメリカ外交五十年』（岩波書店））を参照。

彼によれば、わが国の外交政策の弱点は、あまりにも単純な「律法主義的《リーガリスティック》・道徳主義的《モラリスティック》」なアプローチにあるという。彼は、このアプローチが道徳的・憲法的な図式にあまりにも無批判に依存したり、わが国の政策の他国への影響についてあまり関心を持たなかったり、将来は何が起こるか分からない故にひとつの政策は失敗に終わる可能性を持っていることについてほとんど予測していなかったり、そういう欠陥によってつくられていると判断している。要するにケナンは、アメリカが将来の予測が可能であるかのように装いすぎたり、他国の人びとを「われわれのかたち」（創世記一章二六節）と同じように見なしたりする傾向を持っていることを批判するのである。言うまでもなくここにこそ、すべて人間のいだくアイデアリズムが陥る危険が存在するのであり、そしてこの国の強大な権力とテクノクラティック文化がこの危機を悪化させてきたのである。

この問題に対してケナン氏が提示した回答というのは、アメリカの外交が「ナショナル・インタレスト」を試金石にした政策に立ち帰るべきだというものであった。しかしケナンはこの政策を主張する際に道徳的にシニカルになったりはしないのである。そうではなくてケナンは、この国の利害がこの国の力の限界を表わすことになるのだということを謙虚に認識することこそが、この国の政策の立案を導くべきだと信じているのである。彼の理論は、われわれは自らにとっての善いことを知ることはできるが、他人のために善いことを確実に知ることはできないということなのである。このような謙虚さへの勧告は、彼が言っているような範囲内では妥当性を持っている。しかし彼の解決は誤っている。なぜなら自己利害中心主義（egotism）はアイデアリズムに対する正しい治療法ではないからである。

他の人間や他の共同体の生活や利害は通常、われわれ自身の利害に反するものであるので、もしわれわれがわれわれ自身の利害にのみ専念するようなことになれば、たとえそれがつつましい専念であったとしても、他者の利害に対しては認めがたい無関心へと偏らざるを得ないのである。

偽瞞的アイデアリズムは、将来や他人について通常の人間に与えられた知り得ること以上に何かを深く知り得ると考えるのであって、それに対してエゴティズムは治療とならないのである。その治療は、自己と他者との双方に関心持ち、この関心の中で、個人的であれ、集団的であれ、自らの知識や力の限界を謙虚に認識することから生じる「人類の持っているさまざまな意見に対する礼儀正しい尊敬」を保持することである。

人間性や人間的なことをこれほどまで強調してきた文化が、これほどにまで非人間的な様相を呈するようになったのは決して歴史的偶然ということはできない。そしてこのような非人間性が、狂信的な政治的宗教的運動に限られたことではない、ということもまた歴史的偶然ということはできないのである。ケナン氏は、近代における高度の文明によってさえ、限定された目的の追求よりも限定されない目的の追求から、諸悪が生じてくることを正しく指摘している。われわれの時代の非人間性は、それを現代の専制支配が最悪の程度をもってあらわしているが、その原因は一種のアイデアリズムにあるのであって、そこでは理性的思惟過程の出発点が偶然的性格をもった前提であることを自覚しないことから理性が反理性に転じており、またアイデアリストが自分の置かれている立場から諸目的の全領域を完全に把捉しようとするが故に、アイデアリズムは転じて非人間性へと変わるというのである。

「正義」の側に立つ諸国家の政策の中にさえあるこの困難の適切なシンボルは、勝利を得たデモクラシー諸国が、降服した「軍国主義的な諸国」を「非軍国主義化」する計画の実行におけるアイロニックな当惑である。たとえば日本において、占領軍は、新憲法の中に、この国を恒久的平和の無防備主義に委ねるという途方もない条項を勧めた。ところが五年もたたないうちに、彼らは「非軍備化」した以前の敵に、再軍備を要求し、最近までアメリカが同盟国として日本と戦った国々を新しい敵としてそれに対する共同防衛に、日本も参加するように求めざるを得なくなったのである。

われわれは、諸国の中でもっとも賢明な国でさえも道徳的精神的自己満足のあらゆる過ちからまぬかれ得ると期待することはできないのである。なぜなら国家というものは構造的に常に独善的なものなのである。しかし国家の政策がその中で形成される文化がその国家がかかげる最高理想の程度にしか深くまた高くないのか、それともその文化の中に人間の野心や事業にひそむような視点を与える次元が存在しているかどうかが違いを与えることになる。しかしこれは信仰によってのみとらえることが可能となる高さである。なぜならある文化や国家の理想と単純に合理的な仕方で密接に関係づけられているものは、最終的にはその文化の中に大切なものとして守られてきた諸価値を単純に正当化することになることは明らかだからである。しかし神の前では「もろもろの国民はおけの一しずくのように、はかりの上のちりのように」（イザヤ書四〇章一五節）過ぎないのである。そのような神は信仰によってはじめて認識されるのであって、理性によって認識されるのではないからである。歴史における秘儀（mystery）と意味（meaning）の領域は、一筋なわではいかない構造をもつものであり、そして究極的にやっと分かってくるようなものであって、それは合理的な理解可能性のどのような枠組みとも同一なものではない。この秘儀の中にある意味を理解する信仰は、国家や文化のプライドが歴史の中に持ち込む誤った意味に対して悔い改めを迫るものなのである。このような悔い改めこそ愛の真の源となるのである。われわれが必要としているのは、テクノクラティックなスキルもそうであろうが、それ以上に純粋な愛を深刻に求めているのである。

第八章　アイロニーの意義

1

歴史の形態《パターン》や形状《コンフィグレーション》についてのどのような解釈も、歴史の観察者が識別するような形態は「客観的に」真実なのであろうか、あるいは観察者の想像によって歴史のぼう大な素材に押しつけられたものなのか、という問題を惹き起こす。歴史は、精神科医たちが用いるロールシャッハ・テストの用紙の乱雑なしみ模様に似ているかも知れない。患者にはこの模様がどのように見えるかを報告することが求められているのである。その時患者は象が見えるとか蝶が見えるとか、あるいは蛙が見えると言うかもしれない。精神科医たちは、このような観察から、用紙の上に描き出された模様の実際の形状についてではなく、患者の想像に含まれた心的状態について判断を下すのである。歴史の形態《パターン》もまた同様に主観的なものなのだろうか。

アメリカの歴史の中に、あるいは現代の文化の歴史の中に、アイロニックな要素を識別することは、単にきまぐれな人間の想像力の帰結に過ぎないことであろうか。アイロニーという形態《パターン》とは、歴史のデータが途方もなく多様なために、観察者のしたい放題どんな形態《パターン》を押しつけられても我慢させられるようなものであろうか。このような問いに答えるためには、われわれは歴史判断における主観的な要素を承認しておかねばならないが、それだけではなく、単に恣意的な判断と、歴史のさまざまな出来事に真実の光を投じるような判断とを混同してはならないということを強調しなければならない。もし歴史の意味の形態《パターン》が史的な事実に反するものであったり、あるいは特定の利害や感情がなければ一般にその相関関係について納得できないような偶然的な出来事やその相関関係や前後関係を選出するとしたら、それは恣意的なことである。このような気まぐれな歴史の見方の一例は、最近ひとりの政治家によって与えられた。この政治家は一九三二年の時点におけるコミュニズムの支配下にある人々の数と一九五〇年のそれとを比較している。そこから彼が引き出した結論は、コミュニズムの支配下にある人々の巨大な増加（それは何億人もの中国人がそれに加わったことによって特に印象的な数字となったわけであるが）は、「ニュー・ディール」政策がコミュニズムの拡張への共犯者であることの証拠だというものであった。

こういう結論は、明らかに偏見の視点からでなければ出てこないものであり、また同じく片寄った精神の持ち主にしか信用されないものである。

しかし、他方で、われわれは歴史における終りのない変化し続ける出来事とその筋道を、特定の利害によって害されてない立場から解釈することは、不可能ではない。しかしその際問題は、その歴史解釈の概念化を導く統括的原理を受け入れなくとも観察者にとってその解釈が正当化と信憑性をもつものであるかどうかである。具体的に言えば、この歴史についてアイロニーという原理を用いた解釈が一般に受容され得るものかどうかということである。それともこのような解釈の信憑性は、アイロニックな見方が特にその中に基礎をもつキリスト教的な歴史観に依存しているものであるのか、ということである。

この問題に答えるために次のことをはっきり主張せねばならない。すなわち現代史の中には歴然たるアイロニーの要素が存在しているのであり、それ故そのアイロニーを発見するため要求される諸条件を満たしさえすれば、それはどのような歴史の観察者にとっても開示されるにちがいないということである。それにもかかわらず、アイロニーというカテゴリーを歴史上の事件に首尾一貫適応して解釈するということは、最終的には統括的信仰、あるいは世界観に依存していると言わざるを得ないであろう。

今日の歴史の中には、とりわけアメリカの歴史の中には、明白なアイロニーの要素が至るところに存在している。というのは、急速に弱小から強大な力へ、イノセントな状態から責任的立場へと変化して行ったこの国家は、また初期の無害な幻想を敵に直面してやがて有害な幻想へと変化させざるを得なくなり、こうしてわれわれはかなりアイロニックな自家撞着《インコングルイティ》に巻き込まれることになったのである。

しかしこのようなアイロニックな前後不一致と自家撞着《インコングルイティ》とは明瞭なことであるにもかかわらず、必ずしも観察者たちによって認識されてきたとは言えないのである。それはアイロニーとは直接的経験の対象ではないからである。アイロニーの認識は、一方でアイロニックな状況の一部を構成する「徳」の要素を否定してしまう程にはアイロニーの受け手に対して敵意を持たない観察者に依存するのであり、他方ではこの状況のもうひとつの部分を構成する弱さ、虚栄、そして見栄などを度外視してしまうほどに同情的ではない観察者に依存するものなのである。それ故にアイロニーの状況に巻き込まれている者はよほど自己批判的でない限り、この後者の条件を満たすことができないであろう。それ故にアイロニーの知識は一般的にはこの状況に巻き込まれている者よりも、外からの観察者の側でこそ持つことのできるものなのである。もしこのアイロニックな状況に巻き込まれている者たちが、アイロニックな状況はコメディー以上のものであることを認識し、その中にはさまざまな虚栄や幻想があることを意識するようになれば、彼らは自らの虚栄を捨て、アイロニックな状況を解消するような努力へと向かうに違いない。しかし他方で、もし全くの敵意をもった観察者であるならば、アイロニックな状況をコメディーだと言って辛辣に笑いとばすかもしれない。しかし彼らはこのようにその意図することに反してコミカルなまでに失敗することの中に隠れている美徳を理解することはできないであろう。

ところで個人は、国家や社会の中に深く巻き込まれているにせよ、国家や社会の栄枯盛衰からは超越する一次元をもっている。それ故に、個人としての人間は、人間が集団としては巻き込まれることになるアイロニックな状況の観察者となることができるのである。

アイロニックな前後不一致や自家撞着《インコングルイティ》は、その中にさまざま不条理な並存関係を示している限りではコミカルな要素をもっている。たとえば、強さと弱さの並存、愚かさによる知恵、知恵の果実としての愚かさ、イノセンスを装うことによって生じる罪、罪のおもての背後にかくれたイノセンス、というようなことなどである。しかしこのような非対称は、それらが単に不条理であるだけでなく、そこに隠された意味をもっているからこそ、アイロニックなのである。それは笑いをひき出すだけではなく、そのことが分かるのでもよおすほほ笑みをひき出すことになるのである。そこに隠された意味は、前後不一致や自家撞着《インコングルイティ》が単に偶然的なものではないという事実によって補われる。このような前後不一致や自家撞着《インコングルイティ》の非対称は、そのどちら側にも巻き込まれる可能性をもった人間の弱さによって互いに関係づけられているのである。すなわち本当は弱い人間であると証明されているその人が強い人間であるということは、もしその弱さがその強さを装うことから来るものだとすれば、アイロニーに巻き込まれることになる。「傲慢は堕落に先立つ」とすれば、この堕落に傲慢が貢献するところがあったということであり、それはアイロニックなことである。賢明な人間が人生のある方面に関しては無知であるかも知れないが、その無知がアイロニックになることはない。ただその無知が知っているという思い上がりの所産である限りにおいてそれはアイロニックになるのである。

弱さや愚かさ、あるいは罪がアイロニックなものに変貌するのは、権力や知恵やそして徳に対するアイロニックな反駁と同様の論理を持っている。罪ある人間が偶然的に罰を回避することの中にはアイロニーは存在しないのである。しかしもし仲間からいつもさげすまれてきた人たちが、その非難の原因ともなった才能を用いて、その問題を取り扱うより高次の法廷において承認と正当化を得るとすれば、それはアイロニックなことである。あるいは幼児や愚かな者たちのナイーヴさが賢者にはかくされた知恵の源となるとすれば、それもアイロニックなことである。

既に言及したように、アイロニーの概念による解釈は極めて困難なものであるから、当然このような解釈は歴史の中ではまれなことである。アイロニーのこのような発見のためには批判的であるが敵対的ではないという結びつきをもった客観的態度が必要であるが、それが達成されるのはきわめて稀なことである。

そのような中で、キリスト教信仰は、歴史における人間の悪についてのアイロニックな見方を、律法的な見方にしてしまう傾向をもっている。悪からの贖いについてのキリスト教的考え方はアイロニーの限界の彼岸にまで達するものであるが、キリスト教信仰が人間の歴史における悪の本質について行う解釈は一貫してアイロニックなものである。このような一貫性は、人間の歴史のドラマ全体が聖なる審判者なる神、すなわち人間のあこがれに対して敵意をいだくのではなく、その思い上がりを笑いたもう審判者なる神がすべて見そなわしておられるという信仰に基づくものである。この人間の思い上がりに対する笑いこそ、神の裁きなのである。もしそのことが人間の思い上がりを減少させるようになり、人間にその思いのむなしさを認める悔い改めの心を惹き起こすような結果となるならば、裁きは恵みへと変えられるのである。

人間状況に関する聖書的解釈は、人間的自由の独特なとらえ方の故に、悲劇的、あるいは悲哀的であるというよりは、アイロニックなものである。この信仰によれば、人間の自由は、必ずしも自然の「宿命的」力に対して、あるいは英雄的にあるいは悲劇的に挑戦することを要求するものではない。人間は、人間的であろうとする努力において、決して悲劇的ではない。また、人間は、自然世界における必然的あるいは偶然的な出来事と関係するからといって、必ずしも悪の中に引き込まれる必要もないのである。それ故に人間は、自然のもつ混乱の中に哀れな仕方で巻き込まれているものとして理解されることもできない。人間の歴史における悪は人間がその独自な能力を誤って用いた結果と考えられている。この誤用は、人間が自らの力や知恵、そして徳についての能力の限界を見誤ることによって生じるものである。つまり人間は自らが創造的力をもつ者ではあるけれども、しかし、被造物であるということを忘れてしまう故にアイロニックな被造物なのである。

人間を他の被造物から区別する人間独特の自由に関する聖書の概念は、人間が自然を支配し、自然の諸力を人間の諸目的に仕えさせる権利をもっていることを想定している。それ故に、人間はその創造的な力を主張することによって罪を犯すというふうに単純に言うことはできない。この点が、ギリシア悲劇のプロメティウス的なモティーフとは区別されねばならないのである。アイスキュロスの『縛られたプロメティウス』では、プロメティウスが文明の技術を創造することで人間が人間的になるのを助けようとしたためにゼウスは嫉妬している。それに対してプロメティウスは次のように宣言する。「人間に幸せをもたらす大地の隠された宝である、銅、鉄そして金、……私の他に誰がその発見を誇ることができるであろうか。そんな者がいるはずはない。もしいたとすれば、それは偽り者に違いない。この事態をたった一ことで説明せよというならば、それは、あらゆる人間的な業は、すべてプロメティウスより出る、ということになる(注1)」。

(1) Schyulus, *Prometheus Bound*, p. 490-500

そのような考え方によれば、人間の文化的諸成果は、不可避的に傲慢《ヒュビリス》を含むものであり、それを生み出した人間にゼウスの怒りを招くことになるのである。このような解釈は結果的に人生というのは根本的に悲劇的なものだという解釈を生み出すことになるであろう。この悲劇的な英雄は、アイスキュロスだけではなくて、読者からも哀れみと賞賛をも引き出すことになるであろう。なぜならここでプロメティウスは、人間にとっての完全な創造性を得るために、神の怒りに意識的に挑戦する者として描かれているからである。しかし明らかになることは、ゼウスの力は、本質的に自然の秩序に属するものである、ということである。人間は自然の調和を破り、自然の目的を無視することによって悪に巻き込まれてしまうのである。

このような人間的自由についての純粋に悲劇的な見方は、新しくもっともらしさを獲得してきたように思われる。というのは、現代の技術的成果は原子エネルギーの開発を含むものであり、そしてその開発は人間の手にとてもコントロールできないほどの破壊性を与えることになったたからである。

それにもかかわらず、純粋に「悲劇的な」人間の見方は究極的には存続できるものではない。あるいは少なくともそれはキリスト教的な見解とは違う。もしそのような見方によるのならば、破壊性が人間のもつ創造性の不可避的な帰結ということではなくなってしまう。もちろん人生には、どちらに忠誠をつくすべきか二つの間で選択がなされねばならないような状況、また一つの価値を他の価値のため犠牲にせねばならないような状況がある。たとえばアンティゴーネとクレオンとの争いは悲劇的なものであった。なぜならそれぞれ自分の視点から、つまりクレオンは国家という視点から判断し、アンティゴーネは家族という視点から判断するが、それぞれが正しかった。このような悲劇的ジレンマは、より高次な忠誠の中により低次の忠誠を必然的に包摂できるとか、あるいは競合する価値間の思慮深い妥協が必ず見出せるとか、合理的に解決できると考えられているが、それはみな誤りである。本書では既に、デモクラシー国家が、戦争を回避するためという原子爆弾を用いた〔予防〕戦争へと踏み切ったとき、どのような悲劇的ジレンマを生み出すか、ということについて考察してきた。いろいろなタイプのモラリストたちやラショナリストたちによって提案されたこの種のジレンマ回避のためにとるその他の道は、厳しく吟味してみれば、この文明の安全性という、これまで大切に守られてきた価値、つまりこの場合はわれわれの文明の安全を曖昧な仕方で犠牲にしてしまう可能性を持つことが明らかとなるであろう。

歴史の中では善と悪とは、奇妙に絡み合っているので、ひとはしばしば悲劇的な選択やジレンマに出会うことになるのであるが、キリスト教信仰が、この悲劇的な要素を人間存在の根源的な要素と見なさなかったのは正しい判断であったというべきであろう。いずれにしてもこの悲劇的なものはアイロニックなものの下位に属するのである。なぜなら人間の悪と破壊性とは、人間の創造性の行使における不可避的な帰結であると見なすことはできないからである。人間は自然の単なる調和や必然性を破りそれを超越する。それにもかかわらず人間が自然に対し破壊的にならない。そういう理想的可能性は常に存在しているのである。なぜなら、人間の生における破壊性は、そもそも自然の限界を越えることによって生じるのではなくて、それ以上に究極的な限界を越えることによって生じるものだからである。確かに聖書の神はゼウスと同じように「妬む」神である。しかし聖書の神が妬むのは、文明や文化の帰結によってではないのである。人間の自然の支配は正当なこととして理解されているのである。神が妬むという場合、それは人間が人間の自由の限界を守ることを拒否する場合なのである。このような明瞭な限界が存在しているのは、人間が創造者であるだけでなく被造物であるが故である。この限界は明瞭な形では規定されてはいない。それ故に善と悪との区別は絶対的な明確な線として現われ出ていないのである。しかし明白なことは、歴史の中に存在する悪が、自由の賜物に本来備わっているものではない人間の思い上がりに原因を持っていることである。そのような思い上がりは、自由の賜物の腐敗である。思い上がりこそ、強さが弱さと化したり、知が愚を吐くようになるというアイロニーの源泉なのである。

人間の本性と運命についての聖書の見方は、顕著な首尾一貫性をもってアイロニックな枠組の中で動いている。アダムとエバが楽園から追放されることになった理由は、この人類最初の男女に「蛇」が近づき、神がそのもっともユニークな被造物である人間のためにさえも設定された限界に挑むこと、そうすれば彼らも神のようになれるということを唆《そその》かした誘惑に身をゆだねたためである。それ以来人間のあらゆる行動は、いずれもこの限界を否認するという思い上がりに汚染されているのである。しかしとりわけ、賢明であるとか、力があり、自分は正しいと考えているような人々の行為は、特別に断罪におちいるのであろう。バベルの塔を建てた人々は、天まで達するような塔を建てようとしたが故に、それは否定され、彼らは言葉を乱され、散りぢりばらばらになった。都市における「摩天楼《スカイスクレイパー》」にその代表的なシンボルを見いだす今日の技術文明が直面するかも知れない破壊的な予測は、現代におけるバベルの塔のひとつの事例と考えることができるかもしれない。

預言者たちは、強い力を持つ諸国と自らの義を誇るイスラエルとの両者に対し、人間の思い上がりに訪れる審判をくりかえし警告した。大国バビロンがその力に依り頼んだ安全の確信は、歴史によって反駁されるであろうと警告される。すなわち「あなたは言った『わたしはとこしえに女王となる』と。……〔しかし〕これらの二つのことが一日のうちに、またたくまにあなたに臨む。すなわち子を失い、寡婦となる」(イザヤ書四七章七、九節)。預言者は人間の生と歴史の中にある何ものも絶対的に安全とは見なさない。そして彼らはこう信じる、安全を確立しようとどれほど必死に努力しても、それは結局は不安全を嵩じさせるばかりとなる、と。巨大な国家は、その枝が他のすべての木よりももっと高くそびえたつレバノンの香柏の木にたとえられた。そのような優越が国家を「水がこれを育て、大水がこれを高くする」(エゼキエル書三一章四節)という事実の忘却へと誘惑するのである。つまりすべて人間の偉大な業績は、人間の計画を越えて運命の諸力をうまく用いて成し遂げられたものだが、それを見えないようにもしているということである。バビロンは、この誤りの結果「諸国の民のもっとも強い者」の手にわたされ、「エデンのすべての木」は彼らが「死に渡され」ることを悟らしめられるのである(エゼキエル書三一章参照)。

力と安全が弱さと不完全に巻き込まれるというアイロニーは、それは越えられない限界の向こうまで達しようとするからそうなるのであるが、そのアイロニーの側面に対応してあるのは美徳が転じて悪徳になるというアイロニーである。なぜ聖書ではパリサイ人が悪く、取税人がよいのであろうか。それはパリサイ人が「自分が他の人のようではない」ということを「神に感謝」したからに他ならない。パリサイ人は、几帳面な律法主義をもって必死にしかしむなしくも自らの持つ弱さを隠蔽しようとする。イスラエルは、周辺の諸大国に比べるならば、疑いもなく「良い」国であった。しかし自らの美徳の思い上がりは、権力の思い上がりと同じように、神にそむく。強力であると同時に「徳を誇る」国家であるアメリカは、バビロンとイスラエル両方の経験を合わせたような二重のアイロニックな危険に巻き込まれており、それは人びとに不安を与えるのである。

聖書の〔パリサイ人に対するような〕「勧告」にアイロニーがあるように、聖書に書かれている「歴史」の中にもアイロニーが存在している。キリストは、その時代のもっとも純粋な宗教祭司たちと、もっとも正しい法とされていたローマ法の手先たちによって、十字架につけられたということである。この祭司たちのファナティシズムは、自分は善人であると考えるあらゆる人のファナティシズムを象徴している。彼らは自らがそう思い込んでいる程には自分たちが善人ではないことに気付いていないのである。またピラトの凡庸は、たとえどれほど正しくあっても社会共同体ともなれば道徳的高さをもち得ないことを示している。彼らは犯罪者と救い主との違いを識別することができない。たしかに両者とも社会の最低限の秩序である法律や習慣を犯した。しかし救い主にとってはそれを越えたのであり、犯罪人にとってはそれらがあまりにも高いから犯したのであった。

アイロニーの頂点は、誰が見てもこれは成功であると言えることが、究極的な視点からすれば失敗に巻き込まれるという事実に見出される。「人間的には知恵のある者が多くはなく、権力のあるものも多くはなく、身分の高い者も多くはない」（コリント人への第一の手紙一章二六節）。救い主は「正しい人を招くためではなく、罪人を悔い改めさせるために」来たのである。また救い主は「健康」な者のためにではなく「病気」の者のために来た医者なのである（マタイによる福音書九章一二節）。これらの聖書の言葉はまさに深刻なアイロニーである。なぜなら、キリストの評価によれば、「健康である者」が、自らは健康であると主張しているというそのことが、まさにその主張の故に、健康ではないということの証明だということになるからである。「病気の者」というのは、つまり自らが病気であることを自覚している人のことである。

アイロニックな失敗というキリスト教的な解釈は、その反面にアイロニックな成功という概念を含蓄している。すなわち知恵の思い上がりが愚かさに帰結する可能性があるならば、「知恵ある者には隠されている」究極の知恵が「幼児には明らかにされている」という可能性もある。単純な人々の方が、知識人たちには見えないような、究極の真理を見る健康な視覚をもっていることもある。聖書に出てくる「富める愚か者」（ルカ福音書三章）は、将来のための完全な保証を手に入れようと欲したときに、イエスによって痛烈に叱責された。そして貧しい者が祝福される。天国はイエスによってひとつの盛大な晩餐会にたとえられている。しかしそれへの招待は、偉い人々からは拒否され、むしろ「身体の不自由なもの、足が不自由なもの、目の見えない人々」（ルカによる福音書一四章一五―二四節）に向けられるのである。

表面的な見方では、聖書の中でいわゆる「罪人」と呼ばれる人々や貧しい人々、愚かなる者、身体の不自由なもの、病気の人々、弱い人々が選ばれるということは、ニーチェが攻撃したような、屈折した「価値の転倒」と見えるかもしれない。しかし、この聖書の教えの正しさは、傲慢や思い上がりからかえってアイロニックにも失敗が生じてくるという確かさと同じほどの確かさをもって、一見失敗と思われるようなところからかえって高次の成功が出てくることがあるという事実によって証明されているのである。それ故にキリスト教信仰は「家造りたちの捨てた石」のようなものが、「隅の首石」となったかの人に集中するのである。罪ある者が義人よりも認められるように、病気の者が健康な者よりも認められる。それはその人が健康を欠くが故に、どのような精神的な事柄においても前提条件である謙遜へと促がされているからである。それと同じ理由で、貧しい者は祝福を受け、富める者に逆に「禍い」が宣言されるのである。なぜなら富と権力とが人間を傲慢へと導くとすれば、それと同じように、逆に弱さと貧しさが人間の行為の限界を人間に認識させることになるからである。聖書の思想の中に示されている、さまざまなタイプの失敗から生じるアイロニックな成功とは、言うまでもなく、歴史の中に記録されているような成功とは異なっている。なぜならばそれは「高ぶる者を拒み、へりくだる者に恵みを与える」神の超越的な審判に属するものだからである。それは歴史におけるすべての業績と個人の生の究極的な意味との間に潜在する矛盾を象徴的に示している。

2

明白な成功からかえって失敗が生まれるというアイロニーのキリスト教的な解釈が、われわれの現代的な経験に妥当性をもっていることは、まったく明らかである。しかしそのようなキリスト教的な解釈は、今日われわれが敵からも味方からも、正当な理由もなく告発されているようなわれわれの状況の側面には当てはまるものではない。そのアイロニックなパターンにきわめてよく当てはまるのは、われわれの父祖たちが望んだ程には、われわれの国家はイノセントな姿ではあり得ないということ、またわれわれ自身の美徳を表わそうとして責任をとろうとすれば罪に蔽われねばならなくなったということ、われわれは与えられた歴史的問題においてより強力になるに従って全歴史的パターンとの関係においてはむしろ強力でなくなるように思われるということ、われわれの父祖たちが人生の本当の目的だと見なしていた幸福は、われわれから逃げ去ってしまったようだということ、これらすべてのことにおいてである。そしてこれらすべての点において、人間の限界が人間の思い上がりを背後から捉えているのである。

その美徳それ自体が結果的にはわれわれに対する不信を生み出すことになってしまうというアイロニックな経験において、アメリカの歴史は、キリスト教的な意味でのアイロニーの一般的パターンにはめこむことができるとは思われない。キリスト教的な意味でのアイロニーとは、貧しい者や、家をもたない者たちは、その時代の人々からは蔑まれていたとしても、最終的には高められる、というものである。しかしわれわれは一方では幸運に恵まれており、また力を持っており、さらに経済的に豊かであるが故に、世界の貧しい国々から非難されている。たしかに、われわれは自からそう装おっている程には有徳なものではない。しかし他方でわれわれが今日享受している幸福は、わがマルクス主義的な批判者が言うほど簡単には、不正義の証明ということはできない。貧しさよりは豊かさが、あるいは弱さよりも強さが、そのような誤った判断をひきおこしたとすれば、この種のアイロニックな経験からわれわれはこれをどう考えるべきか。

　われわれに反対するこれらの判断がもっている力は、聖書的アイロニーの歪めた解釈から来ているマルクス主義は一種のキリスト教的黙示思想の世俗化版であって、そこでは「貧しいものは幸いである」という祝福は、勝手に政治的道徳的判断の基礎とされてしまっている。豊かな者、知恵ある者、力ある者は、貧しい者や無力な者や柔和な人々ほどには謙虚ではないということは疑いの余地はない。それ故に彼らは、神の最後の審判という法廷において、霊的には不利な状況に置かれている。しかしながら、このことは、そのような人々が、どのような法廷においても、道徳的に貧しい者以下であると証明するものではない。最後の審判の法廷においてさえ、貧困が謙遜という徳を伴うという保証はない。意味深いことであるが、ルカによる福音書とマタイによる福音書とでは、幸福についてのたとえとしてイエスがたしかに用いたと思われる「貧しい地の民《アムハアーレツ》」を意味する言葉が異なって訳されている。すなわちルカによる福音書ではこの教えは「貧しい者は幸いである」となっており、マタイによる福音書では「心の貧しい者は幸いである」となっている。このような二つのヴァージョンはどちらもこの祝福にこめられた全含意をよく理解するために必要である。ルカのヴァージョンだけであれば、貧しさは徳、とりわけ謙虚という美徳を保証することになる。事実はそうではない。マタイのヴァージョンだけであれば、いわゆる「実存的な要素」が欠落してしまうことになる。というのはそれでは心の謙虚さが生活上の幸福とは関係がないという考えを推奨することになってしまうからである。実際には両者は関係づけられている。というのは力を得るにせよ、富を得るにせよ、あるいは知恵を得るにせよ、そのような仕方で成功した者は、一般的には自らが得たものをあまりに高く評価し過ぎて、人間のあらゆる達成は完全でなく断片的なものであるということを忘れてしまうからである。マタイのヴァージョンだけでは、「豊かなものが天国に入るのは難しい」というキリストが別のところで述べている言葉を、意味のないものにしてしまう。それは、人間が成功を手に入れた場合に生じる道徳的危険《モーラル・ハザード》を忘れないために必要な言葉なのである。

他方これに対してマルクス主義の宗教的黙示は、徳と成功との単純な結びつきに対し聖書が付したあらゆる留保条件を除去してしまうのである。歴史内部で成功をおさめた人が持っている思い上がりに対して宗教的な警告として保持されてきた最後の審判は、歴史的審判という単純なカテゴリーに変換されているからである。

貧しい者は現実には、マルクス主義的黙示が考える程には無私でも純粋でもない。確かに貧者は金持ほどに守るべき利益を多くは持ってない。しかしながら、彼らの不正に対する怒りが歴史の創造力のひとつであったとしても、彼らの怨恨やその代償としてのユートピア的な幻想は、結局は成功者が持っている社会的プライドと同じように、しばしば社会的な混乱の源泉となる可能性があるのである。確かにユートピアは「貧しい者のイデオロギー」である。(注2) しかし他人の傲慢や暴力によって苦しんでいる人びとは、例外なく、自分を苦しめている悪は、唯一方的にわれわれを抑圧するものたちの悪意から出た帰結であると誤解してしまっている。それによって彼らは、実は自らの中にも存在している、そのような人々の中にあるのと同じ悪の根を見損ってしまうのである。こういうわけで東洋の知識人たちは、東洋のある国が「帝国主義的」になる可能性があるかどうかという問題をめぐって事実本気で議論をたたかわしたりするのである。それと同じような仕方で少数派のエスニック・グループは、例外なく人種的傲慢とは、彼らに苦しみを与えるような他の人種グループに固有な悪徳のことだと確信しているのである。

（2） Karl Mannheim, *Ideology and Utopia* を参照。

マルクス主義的な黙示思想の中には、貧しい者たちの徳についての誤った見解が堆積されている。この考えによるならば、貧しい者は常に全く公平無私であるとか、彼らの利害は全人類の利害と絶対的に同一であるとか見られている。それだけではない。マルクス主義的な黙示思想は、貧しい者が歴史的に成功すれば貧しい者であることをやめてしまうということについては何も考えられていないのである。さらにまた、貧しい者の味方であると自認する少数独裁政治家たちは彼らのいわゆる高潔さに与っていると主張する。最後にその誤りの頂点は、あらゆる徳が帰されている貧者が、産業プロレタリアートと同一視されていることである。このような誤りは、もしコミュニズムが広大な農業文明を征服して行こうとするならば、ますます有害な混乱の源となるであろう。集団化計画にあらわれた狂信性のひとつの証拠は、農場を「穀物工場」に変えることによって、農民を産業労働者にしてしまおうとするコミュニズムの努力の中に見出される。

既に述べたような誤りのすべてがコミュニズムという巨大な悪の中に流れ込んでいるのである。コミュニズムは、人間が達成する諸事実にまといつく思い上がりの要素をいましめようとしてきた。宗教的な真理を、政治的なスローガンへと変えてしまった。そしてそれによってこのような思い上がりそれ自体を、他に並ぶものがない程の害毒を生み出す政治運動の組織化の手段として有効に用いた。これこそが、われわれの文明がもつ不正義にとって代ろうとするコミュニズムの行き方が、何ゆえに、より以上に大きな不正義を創造し、何ゆえに歴史上かつてなかったような恐るべき専制主義を生み出してしまったかのひとつの理由であり、おそらくはこれがその主たる理由と言ってよいのである。貧しい者の「徳」が、彼らのさほど有徳でもない怒りを隠蔽して高潔さを見せかける幕となっていること、少数独裁政治家たちがこのような怒りを政治的権力の原動力として利用する方法を発見したこと、そしてさらにこの権力が結局は豊かな者から持てるものを奪い取るだけではなく、貧しい者をだます計画のために用いられてきたこと、これこそが、われわれの時代の最高のアイロニーというべきであろう。

3

アイロニーは「悲劇」（tragedy）から区別されるのと同じように、「悲哀」（pathos）からも区別されねばならない。悲哀的な状況とは、悲劇的な状況に巻き込まれている人がその事態を意識しているのと比して、一般的にその事態を十分には意識していないものである。悲劇的な選択が、もし意識的になされているならそれはもっとも純粋なかたちの悲劇と言える。しかし悲哀は、人生におけるいろいろな目的の本質的には無意味な錯綜、運命のきまぐれな混乱、苦痛に満ちた挫折から成るものである。それ故に悲哀は、そのようなものとして、高貴さを伴うものではない。しかし忍耐をもってその苦痛をしのぶことによって、あるいは他人の重荷を代わって担うことによって、この悲を変じて美に作りかえることは可能である。たとえば難民収容所の状態は本質的には悲哀的なものであるが、そこにおる人々が共に非人間的な状況の犠牲者としての経験に耐えることから生まれる高貴さによって、悲哀は悲劇と恩寵とに満ちたものとなり得る。悲哀的状況に巻き込まれている人間が、問題を解決せずしてその悲哀を意識することはあり得る。いずれにせよわれわれは自らを憐れむことができるのである。しかし悲哀の意識は、それを解決することはない。なぜならその状況の中にいる人びとは、その状況に責任を負っていないからである。そのような人は逆境の犠牲者であり、あるいは神秘的運命的な蜘蛛の糸にがんじがらめにされているのである。

アイロニックな状況は、その中に巻き込まれている人が、そのような状態に対して何らかの責任を負っているという事実によって、悲哀的な状況から区別される。またアイロニックな状況は、その責任が、その意識的な選択に基づいているのではなくて、無意識的な弱さに依るものであるという事実によって、悲劇的な状況からも区別される。芸術家であり人間についての鋭い観察者でもあったセルバンテスにその想像力を導かれている読者は、ドン・キホーテが騎士的武者修行の理想をアイロニックな仕方で支持したり反駁したりしていることを見破ることができるであろう。しかしドン・キホーテは、騎士たちが彼らの理想の偽瞞性に気付いていないように、ドン・キホーテ自身も自らが騎士道の理想を真似ていることの不条理に気付いてないのである。

もちろんアイロニー、悲劇、そして悲哀という三要素は、何らかの解釈のための指導原理なしにも、人生や歴史の中に見抜くことができるものである。しかしこれら三要素はすべて、歴史の経験の中に、しばしばはっきりと現れ出るので、歴史の観察者をして、あるいは悲劇を含蓄するところの憐憫と賛美の結びついた感情か、あるいは悲哀をもよおすような純粋なる憐れみの感情か、あるいはアイロニーに応える笑いと理解か、それらのいずれかへ至らせるのである。

しかしもし根底にある信仰や究極的意味の前提がある場合、それによって人間の生全体の解釈のためのもっとも重要な意味の枠組としてこの三つのカテゴリーのいずれかが選択されることになる。もし人間が、その人間性を「知られざる力の蹂躙《じゅうりん》的行進に挑戦する」（バートランド・ラッセル）ことによって証明しなければならない高貴な被造物と見なすとすれば、生の解釈は基本的には悲劇的となる。またもし人間が、人生における巨大な混乱に対して勝利の可能性を持たない、暗い気まぐれな諸力の囚人と見なされるとすれば、生の解釈は基本的には悲哀的となる。

アイロニーによる解釈をキリスト教がよりよいと考えるのは、人間の自由の本質についてのキリスト教的考え方から出てくるものだが、単にそれだけでもない。たしかに〔キリスト教的考え方によれば〕人間は自然を越え出る超越性をもっており、それが大きな創造的可能性を人間に賦与するけれども、しかしそれは自由の悪用や堕落の可能性から守られてはいない。だからそれに加えるに、その根拠として次のような信仰も必要となってくるのである。キリスト教信仰は、合理的認識の対象としての自然的・社会的な過程を越えたところにこそ人生の意味の中心や源泉があると信じているのである。そしてこの神的源泉と中心は、意味の基礎であるが、それは神秘の中に封じ込まれているので、信仰によって識別されねばならないものなのである。もし信仰によって識別がなされるならば、その中で人間の自由がリアルであり、妥当性を持っており、単に悲劇的でもない幻想的でもないことを確認させる意味の枠組みを生み出すことが可能となるのである。しかし人間は、自らの自由を過信し、また自らが被造者であることを忘却させようとする誘惑にさらされていることをも認めるのである。こうして人間は、自らの傲慢がアイロニックな反駁を受けることにならざるを得ないような思い上がりに巻き込まれることになるのである。

虚しい思い上がりが不幸な結果をもたらすようになることを指摘し、またその思い上がりが実際の経験によってアイロニックな反駁を受けていることを見ている以上のような生の解釈は、その解釈を受け入れる人びとをしてアイロニーをひき起こす思い上がりを抑制すべく促がさざるを得なくなるのは自然なことでる。もし人がアイロニックな状況を意識するならば、人はそれを解消しようとする。それは、絶望や憎しみへと解消されるかも知れない。たとえば、もしある国家が、その国がまわりから不正義だと批判されることを、単純に隣国や敵国の悪意によるものだと見なしたり、自らの正義への確信が、結果的には友好国に対する不当な要求を生み出すということを十分に認識しなかったとするならば、その国家のムードは、人間世界に起こり勝ちな見解の相違に過ぎないことに絶望したり、悪意に満ちた批判をする者たちを憎むようになってしまうであろう。もし人が不正な告発と問題となった諸事実との間に隠された関係をまったく見出すことができないとしたら、アイロニックな笑いは、シニカルな笑いになるか、あるいは笑いのない反感へと転化して行くにちがいない。他方、もしわれわれの個人的集団的な行為に対して究極的な審判があるという宗教的感覚が、アイロニックな矛盾を助長させるようになってしまったわれわれの知恵や徳や力についての思い上がりを認識させるならば、このアイロニーは最終的にはわれわれの思い上がりを、悔い改めの経験へと解消し、またアイロニーの原因をなす思い上がりの除去へと導くことになるであろう。一方では悔い改め、他方では怒りや憎しみという二者択一は、個人のみならず、国家もまた経験するのである。それはまさに人間の基本的な精神的二者択一である。国家の問題、とりわけ強大な力を持つようになった国家の問題とは、一方では、この国が残酷な問題状況に直面してそのもてる美徳を発揮することが必要となった場合、そしてそれがもつ力がきわめて強大である場合、その国が必要な徳を発揮することと権力を行使することとの間には、人間が徳や力を用いるときに生じる曖昧性《アンビギュイティ》と同じ曖昧さがあることを見きわめられるかどうかという問題であり、もう一つは、国家は緊迫した状況に直面した場合なおその前方にまたその上方に、人間存在のドラマが持っているより大きな意味を感知することができる人間の中になお残っているはずの能力を持ち合わせているかどうかという問題なのである。

このような問題に直面するときに、困難は三重になる。まず第一に国家（そして同様、個人から区別されるすべての共同体）は、自己超越ということをそう簡単にはなすことができないということである。なぜなら国家は自己批判という点では未熟な機関しか持っていないからである。それ故に人間が集団化すると、道徳的に自己満足したり、独善に陥ったり、ユーモアのセンスを欠くようになりがちである。このような意味でのユーモアのセンスの欠如は、今日では良い国と悪い国という単純な道徳的な判断を行ったりする――（この場合の良い国というのは「自由」に献身している国のことである――わが国のユーモアの欠如したアイデアリズムの中に顕著である。

われわれがその中に巻き込まれているアイロニーのセンスをもつことに困難さを感じる第二の理由は、その敵意の火がもっとユーモアのない思い上がりに養なわれているような敵との出会いである。どのような天からの〔神の〕笑いも、おそらくコミュニズム的宗教に溢れる自画自賛礼拝式文中にまではおよそとどかないではないか。このような敵意にあおられ、不正義な非難に傷付けられているので、われわれの徳と力のアイロニックな曖昧性を認識することが困難になっているのである。それ故に、われわれは敵の独善性にわれわれも相応の怒りをもって対応する誘惑にかられるのである。われわれは、敵意から出た不正義な判断（審判）を直接的につきつけられて、それによってもっと究極的な〔神の〕審判があることに対するセンスが曖昧にされるのである。このようにして、熱狂的な反コミュニズムは、その憎しみの感情において、コミュニズムそのものと似たものとなってしまい、両者それぞれの信条《クリード》の相違は、心情《スピリット》の同一化を防ぎ得なくなっているのである。それ故に、われわれは、われわれの文明における「人間性《ヒューマニティ》」や「人間味《ヒュー》があること《メインネス》」についてあまり誇張して語るべきではない。というのは人間性の精神というのは「フマニタス」の本質を正確に定義することの中にあるのではなく、人間の力や善の可能性とか、人間の力や善の限界とかを、実存的に認識していることの中にこそ見出されるものだからである。

最後に、アイロニーを見出すためには自分をつき離して距離をとることが必要であるが、人間や国家が、コミュニズムよってひき起こされる程のものではないもっと弱い敵意をもって歴史における具体的な緊急事態に巻き込まれるときでさえ、その距離をとることをむつかしくするという困難がある。果してトルストイはナポレオンのロシア侵略についての彼のアイロニックな解釈を、実際に祖国が戦争の最中にいるときに書き得たのであろうか。そのようなことは想像的にも可能であったかどうか、あるいは果して読者たちはそれを受け入れることができたかどうか。トルストイは、参戦当時者たちの意識内容がその戦争の深みにある意味とほとんど関係がないということを証明することに喜びをもった。実際彼のテーゼは、戦争のもたらす重大な帰結は、意識的意図というよりは無意識的偶然によって実現されるということであった。その意味では確かにトルストイは参戦者の意識の面をあまりにも軽視し過ぎていたかも知れない。「私が知っている最上の将軍たちも、それは愚かで、ぼさっとした人たちであった。ナポレオン・ボナパルトこそまさにそのような人物であった。わたしはアウステルリッツで見た、彼の限界内で自己満足した顔を思い出す。すぐれた軍の指揮官には愛や詩、あるいは優雅さや、哲学的な探究的懐疑は不必要なのである。いやむしろ指揮官は限界内に止まるべきであり、自らのなしていることがきわめて重大であるということを堅く信じなければならない。……その時はじめて彼は勇敢な指揮者となり得るのである」。

しかし具体的な歴史上の戦いに参戦している者たちは、トルストイが考えた程には精神的に絶望しているということはない。われわれは、この国のもっとも偉大な大統領が南北戦争中に到達した精神的高さをもって、この種の悲劇的歴史解釈への反駁として提示することができるであろう。リンカーンに与えられたもろもろの責任は、無責任な傍観者たちが簡単に対象から距離をおくというような気楽さを許さなかった。しかしその際のリンカーンの思いやりのセンスをもった熟慮は、直接する政治的闘争の次元からではなく、もっと別種の意味の次元への宗教的自覚から生まれたものなのである。彼は「南北どちら側も同じ聖書を読み、同じの神に祈っている。神はどちらの祈りにも答えられないであろう。どちらか一方がこれまで全面的に受け入れられるということもなかったのである」と述べた。

リンカーンが南北両軍が持っているアイデアリズムの中に思い上がりの要素がひそんでいることを認識し得たのは、彼が歴史全体の上にかかる摂理、その目ざすところはこの戦争の道徳問題と全く同一ではないが、それに全く妥当しないということもないところの摂理を確信していたからである。「全能の神は神自らの目的を持っておられる」とリンカーンは述べたが、同時にこの目的は「神が正義を見るために、われわれに与えたという意味での正義に堅く立とうとしている」者たちが持っている道徳的な目的までを無効にするものではないとも考えたのである。奴隷制は神の承認を受けているのだとたとえ主張し得たとしても、それは否定されるべく定められている。確かに彼は「人間は誰でも、他人の額から流れる汗から、自らのパンを取り立てるために正義の神の助けを求めようとすることには疑問を感じるものである」と述べている。しかし奴隷制に対するこの道徳的な断罪のすぐあとに、「あなたがたは人を裁いてはならない、裁かれないためである」という聖書の言葉が続くのである。

直接的〔現実的〕諸問題に対し道徳的〔かつ政治的〕決断を下すことと、それとは異なる意味や審判の次元に対する宗教的自覚との〔リンカーンにおけるような〕結びつきは、一方で自由諸国の文明の道徳的遺産を守るべき忠誠と責任にとどまりつつ、他方ではその戦いのレベルを超えた宗教的高みからの展望をもちつづけるという、たしかに困難ではあるがしかも不可能ではない課題のおよそ完全なモデルと見なされるにちがいない。まさしくこのような二重の態度こそ、リンカーンの「誰に対しても悪意をいだかず、すべての人に対して慈愛のこころを持つ」という精神を可能にしたのである。これ以外にまことの慈愛の基盤となるものは存しない。というのは慈愛の心は格言的テクストから引き出されるようなものではないのであり、それは「砕けたる魂と、悔い改めた心」からのみ生じるものだからである。

今日の状況にこのことを適応するならば、リンカーンの提示したモデルは、われわれとコミュニズムとの間にある闘争について、しばしば企てられてきた単純な道徳的解決を見出そうとするいかなる安直な努力をも排除することになるであろう。現代のコミュニズム的な専制政治は、リンカーンがそれに反対した奴隷制度にまさるとも劣らない悪である。われわれはデモクラシーの自由主義的ヴァージョンをもち、コミュニストはその平等主義的ヴァージョンをとるが、それらは共通のデモクラシーであるというような解釈をもってしては、問題はひとつも解決されない。両者の間の闘争は所詮これ以上のものではない。だからたとえば平等主義的なデモクラシーと自由主義的なデモクラシーとの間の相対的メリットについてのセミナーを持つことができれば問題は緩和されるだろうなどというような希望は、自由主義文化の単なるセンチメンタルな甘さのあらわれに過ぎない。そしてそのような希望を持つこと自体、とくに彼らが歴史に対して神の役割を演じようとしているこのような時に、個人も共同体もその中に沈んで行くかも知れない悪の深淵を理解できない自由主義文化の無能を暴露することになるのである。

リンカーンのモデルは、専制の悪に対して、単調な仕方で自由の徳を主張するだけで、自らの主張の正義を確立しようとする努力をも排除することになる。なぜならこのような対比は、あるレベルでは真実であるかもしれないが、このような見方はわれわれの側に起こる自由の腐敗の問題についての何の洞察をも与えないし、この混迷と貧困の中にある世界においてコミュニズムがどうして不思議な魅力を持つのかについて何も理解していないからである。

確かにわれわれはリンカーンが直面しなかったような問題にも直面している。われわれは「どちらの側も同じ聖書を読み、同じ神に祈っている」とは言うことはできない。つまりわれわれが直面しているのは、どのような共通前提をも持たない相争う力と力との闘争である。しかしこのような状況においてさえ、この闘争を神をおそれる文明と神なき文明との闘争と規定することはきわめて危険なことである。コミュニズムが危険なのは神がいないからではなく、むしろ神のようなもの（すなわち史的弁証法）を持つが故に危険なのである。この神、すなわち史的弁証法は、この神が実はコミュニストの野心と権力とを人生の究極的な目的と同一のものとして聖化する。他方で、すべての時代の「神をおそれる」人々と同じように、われわれも、神を、簡単に、われわれがもっとも熱烈に欲しているものは何でも聖化して下さるお方にするという誘惑から守られていないのである。それ故にもっとも「キリスト教的」な文明、もっとも敬虔な教会でさえも、心に刻み付けねばならないことは、人間の願望の最高の段階においてすら、神の目的と人間の目的との間にはある種の矛盾があるという何らかの自覚がある場合においてのみ、真の神を認識し得るということである。

以上要約すれば、ほとんど共通するところをもたない敵との闘争の中でさえ、ある意味次元に生きる可能性と必然性とがあるということである。その意味次元とは、そこで戦争の切迫感が、われわれが共に巻き込まれている歴史のドラマの巨大さの前で感じる畏れの感覚に従属せしめられような意味次元、またそれが歴史の諸問題の解決のため用いられる徳や知恵や力についてあまり誇らない謙虚の感覚に、あるいは敵の悪魔性とわれわれの虚栄心との両方の根底にある共通の人間的脆さと弱さとを認める悔い改めの感覚に、そして自からへりくだる者たちに約束された感謝の感覚に従属せしめられるような意味次元、そこになお生きる可能性と必然性があるということとである。

まことに不思議なことであるが、このような信仰から導き出される諸洞察は、われわれの文明を守ろうという目的や義務とは究極において矛盾しないのである。事実このような洞察こそ、具体的にこの文明を救済するための先決条件なのである。なぜならもしわれわれが滅びるとすれば、敵の残忍さはせいぜい第二の原因にすぎないであろう。第一の原因は、巨大な国の強さが、その戦いの危害のすべてを見ることができないほどに眼が見えなくなっていて、その力が正しく導かれないということが起こる場合である。そしてこの眼が見えなくなることは、自然や歴史の何らかの事故によってではなく、憎しみやうぬぼれによってひき起こされることなのである。

付録　ラインホールド・ニーバー「ユーモアと信仰」

（大木英夫・塩谷直也共訳）

（訳者まえがき——この論文に頻繁に出て来るincongruityという言葉は、ニーバーの思想のキーワードのひとつで、これを正しく捉えることは、前人未踏の曖昧な領域を究明したこの深くすぐれた論文の理解のために不可欠である。しかしそれを日本語に訳出することは容易ではない。語源としてのラテン語のcongruoは「共に来る」「出会う」「合致する」「応じ合う」「釣り合う」「調和する」とかの意味である。ここでは、最初に「不調和」と訳したが、それは単なる不調和という日本語で言い表し切れない、不条理とか違和とか、ちぐはぐで合理性へと解消できない「ずれ」の諸相を含蓄するような概念であるので、ここでは、これを「不調和」という一つの訳語で統一するのではなく、その含蓄を残すために、そのまま「インコングルイティ」としてカタカナ書きで表示することにした。）

「天に坐するもの笑いたまわん」（詩篇第二篇四節）

I

詩篇第二篇に出てくる「天に坐するもの笑いたまわん」という言葉は、聖書が「笑い」という言葉を神に帰している三つの例のうちのひとつである。完全な人格的存在がユーモアのセンスを備えていることはあり得ることだが、神がユーモアのセンスをもっているなどとは一般には考えられてはいない。このことを、ユーモアの欠如とみなす宗教評論家たちがいる。彼らは、聖書に笑いがほとんどないという事実を指摘する。聖書的文書には歓喜と讃美の歌にあふれていることはたしかだが、しかし、なぜ、笑いの表現がとくに目立って存在しないのだろうか。イエスの言葉には、アイロニックなユーモアの調子を示す多くの箇所がある。それでも全体的に言えば、評論家たちが指摘する聖書にユーモアもしくは笑いをあまり見出せないということには、一般の同意があるにちがいない。

しかし、この欠如として指摘されている点は、もしユーモアと信仰との間にある関係が理解されるならば、それほど目立つものではなくなると思う。ユーモアとは、実際には、信仰へのひとつの序曲《プレリュード》なのである。そして、笑いは祈りの開始なのである。笑いは、宗教の聖所の前庭にひびくのであり、そしてそれは聖所の中までこだましているのではないか。しかし、その神殿の至聖所には、笑いはない。そこで笑いは祈りへと昇華して行き、ユーモアは信仰によって成就されるからである。

ユーモアと信仰との間にある密接な関係は、両者ともわれわれの存在の中にひそむインコングルイティと関わるという事実から出て来るのである。ユーモアは、人生の直接目前にあるインコングルイティに関わり、信仰は、人生の究極的なインコングルイティに関わる。ユーモアと信仰、どちらも、人間精神の自由、つまり人生の外へと越え出る、いや自己自身の外へと越え出る、そしてその置かれている状況全体を展望するという精神の能力の表現なのである。しかし、その全体を見るとき、その展望は、ただちに、人生におけるインコングルイティをいかに取り扱うべきかという問いを生み出す。なぜならば、人生を、また、その中にあるわれわれの場所を理解しようとする努力は、どのようなきちんとした全体像の中にもはまらないような首尾一貫性の欠如(inconsistencies)と調和の欠如(incongruities)に向き合うことになるからである。笑いとは、直接目前にあるような、またわたしにとって本質的問題とならないようなインコングルイティにたいする人間の反応である。信仰とは、まさにわれわれの生の意味そのものを脅かす究極的な実存的インコングルイティに対する唯一可能な反応である。

何に対してわれわれは笑うのか。愚者が王座に坐っているそのさまを見て笑う。高慢な男が何か侮辱を受けたことに苦しんでいるさまを見て笑う。子どもが大人の会話にまったく関係しないことに口をさしはさむさまを見て笑う。われわれは、ひとつにうまく調和しない物事の並立を見て笑う。氷の上で滑ってころぶ少年はひとつも面白くないが、それがたまたま偉そうな人に起こって、その威厳がひっくりがえる様子は滑稽である。劇作家が、ユーモアの材料が他にないときとる常套手段は、女中とか番頭の会話という仕方で、何か見当ちがいなことをドラマの中心テーマに取り込むことである。しかし、もしこの見当ちがいが実際におかしいというのであれば、それは話し手が意図するところを越えて、この見当ちがいがテーマとより深い何らかの関係をもっていなければならないはずである。つまり、ユーモアとは、そのインコングルイティを、より高いコングルイティの段階の発見によって解決して見せることなのである。われわれは、氷上で滑ってころんだ偉そうな男を笑う。笑うのは、単に彼の偉そうにしている格好とかっこ悪い失態とのコントラストが滑稽だからというだけではない。それは、われわれが、彼の狼狽した姿がまさに彼の偉そうにしていることをいわば詩的とも言える適切な仕方で戒めているように感じるからである。このようにして、われわれは、直接目前のインコングルイティ、つまりわれわれを本質的に脅かすほど深刻ではない、人生の整合性（coherence）を破らないようなインコングルイティに関わるのである。しかし、そのような脅かしを含むような深刻なインコングルイティなるものがある。人間のこの世界の中での位置そのものがインコングルイティなのである。それは信仰の問題となる。ユーモアの問題ではない。人間は実に偉大、しかし同時に、実に卑小でもある。まことに意味がある、しかし同時にまことに無意味である。エドワード・ベラミーは言う。「一方で、個々の人生は、ひとつのアトム、果てしなき海岸の砂のひと粒、出来ては消える大海の泡のひとつ、過去・現在・未来とのつながりを担うひとつの生命、そして想像を絶するほどの微細な単位である。他方ではしかし、人生は宇宙の閃光のように時間空間の限界に属しているにもかかわらず、野望をもって飽くことを知らず、無限であろうと渇望し、森羅万象の調和一致を主張するのである」（*The Religion of Solidarity* より）。これこそ人生におけるコントラストなのである。

人間が世界を見渡すとき、まるでその世界の中心であるかのように見える。つまり、彼の知性は、すべての事象のもつ意味を引き出す統一された力のように見えるのである。しかし、その同じ人間は、動物的限界の中にとどめ置かれた一匹の動物に過ぎず、空間と時間との広大な広がりの中にあってその存在は不安定な契機をもっている。「内」と「外」の世界の間、もしくは人間の視点から眺めた世界と、一つのより究極的な視点から眺められた世界の中にある人間との間に、或る深遠なるインコングルイティが横たわっているのである。

哲学者は、この根本的インコングルイティを、ひとつの世界を他の次元へ引き下げる仕方で、もしくは、ひとつの視点を他の視点へと引き上げる仕方で、調和させようとする。しかし、哲学における純粋な自然主義的体系、もしくは首尾一貫した観念論的体系のどちらも、完全な体裁を整えてはいない。人生の究極的インコングルイティは、理性によってではなく、信仰によって、解決され得るのである。理性は、ひとつの視点、あるいは他の視点だけから、そのインコングルイティを考察することになるが、理性はそうすることによって、その解決しようとするインコングルイティを否定してしまう。それは笑いによっても解決できないし取り扱うこともできない。それは、そのインコングルイティがあまりにも深いからである。もし笑いによって人生の究極的な事柄を取り扱うとすれば、それは苦《にが》いユーモアに変わってしまうであろう。そのことは、笑いがインコングルイティによって圧倒されていることを意味している。このようにして、笑いとは、単に信仰への入り口というだけではなく、信仰と絶望との「中間領域」でもある。われわれは、人生の表層にあらわれるインコングルイティに対して、愉快に笑うことができる。しかし、もしも人生の深層にまで達するインコングルイティを取り扱うためにユーモア以外の道はないとすれば、われわれの笑いは、人生の無意味感のひとつの表現となるのである。

II

笑いとは、人間におけるイノセントな欠点に対する正常かつ健全な反応のひとつである。それはイノセントでない場合もあるが、それでも同様正常かつ健全な反応である。すべての人間は、気分的であり、情緒的であり、うにぼれがあり、特異な癖をもっているものであって、それらをあまり真剣にとりすぎるならば、たいへん厄介なことになる場合がある。そんなことは笑ってすませばよいことである。ユーモアのセンスは、同僚たちを共通の課題に向かって組織しようとしている実務家にとっては不可欠である。それは人生における摩擦を減らし、人間のもつ欠点を我慢できるものとしてくれる。笑いをもって他人の欠点を見、受け入れる、そういう笑いの中には、慈しみと審き、批判と寛容との程よい混和が存在するものである。もしもわれわれがこれらの欠点をよく合っているとかふさわしいとか認めるならば、笑うことはないと思う。われわれの笑いの中には、そういうわけで、審きの要素があるのである。しかし、同時に、笑いによって、われわれは厄介なことをあまり真剣に受け取っていないことを示しているわけである。しかしながら、もしわれわれの同僚が公益に反する罪を犯すならば、もはや笑うことはできない。それでもなお笑い続けるとすれば、その笑いは寛容さをその中から除去している。本当の悪に対する笑いは、厳しいものである。そのような厳しい嘲笑は、非難の手段となるのである。しかし、そのような笑いは、笑いを向けたその悪を防ぐ力をもっていないものである。

中にはムソリーニやヒトラーを一笑に付すことができると考えた人々がいた。時には、笑いでもって、死に体になった独裁制度や社会体制の威信を失墜させることも可能であった。たとえば、セルヴァンテスの『ドン・キホーテ』は、封建制度の没落に貢献するところがあったし、ボッカチオの『デカメロン』は、中世的禁欲主義の衰退の告知として役立つところがあった。それにもかかわらず、笑い単独では、決して歴史における強大な権力・権威の座を破壊できないのである。その効果と言えば、〔いわば〕奴隷が主人に対してその自尊心を守るという程度も限定される。それは奴隷制度の破壊にまでは至らない。こうして、暴君の犠牲者たちは、武器として機知《ウィット》を用いることにより、各々の自尊心を守ることを許した。笑いは、そのような犠牲者たちに、暴君が誇る価値を貶したり、その強大な権力を愚弄したりできる小さな私的空間を提供した。ただ、それにもかかわらず、もっとも耐え難い暴政のいろいろな形態（たとえば強制収容所など）は、明らかに笑いによってはいささかも改善されることはあり得ないのである。

笑いが深刻な悪に直面するとき、苦みを帯びてくる。それは何らかの意味で笑いがその無能を感受するからである。とにかく、深刻な悪は深刻に取り扱わねばならない。嘲笑がもつ苦みはたしかに深刻ではある。しかし、赦しの源はどこにあるのだろうか。たしかにそれは、笑いに潜む寛容の中に存在していると言えるけれども、それを苦みのある嘲笑の中にまで取り入れることはできないものである。審《さば》きと恵みとの間にある矛盾は、ユーモアによっては解決できないのであって、それは代理的痛みによってのみ可能となるのである。

たとえば、われわれは子どもたちが幼児期特有の嫉妬深い思いを露骨にあらわすのを見て、笑いを催すことがある。それは、われわれ共通の人間性のもつ原罪の土壌に育つ罪の萌芽である。しかし、罪の芽が孕むまれそして実を結んでくるのを見るとき、われわれの笑いは単純ではなくなり、子どもの反抗に取り扱い難さを覚えるようになったり、或いは、その笑いは曖昧さをなくして、不当に苦いものになったりもするのである。また、もし審きにおいて笑いに潜む寛容が出過ぎるならば、それは有害な甘やかしに化するであろう。親としての審きは、厳しい審きを如何に創造的な仕方で恵みのもつ優しさと結び付けるかという課題に直面するのである。そのような結び付きは、親自身が、その厳しい審きの下に立つことによってのみ、可能となるのである。ユーモアではない、十字架が、つまりかつて審きと恵みとの結び付きがそこで啓示された十字架が、審きと恵みとの出会う場所なのである。笑いは、その両方それぞれをはっきりと定義されないまま、その両方を一緒に表現することができるのである。しかし、その両方をもっとはっきりと定義する必要にせまられるとき、笑いはもはやその両方を一緒に保つことはできなくなる。恵みは失われ、ただ厳しさのみが残るのである。

われわれ人間相互の審きに当てはまることは、そのまま神の審きにも当てはまるであろう。最初に掲げた聖書のことば（詩篇二篇四節）によれば、神は、人間の思いえがき（imagination）や思い上がり（pretension）の虚しさのゆえに、その笑いを人間に向け、そして人間をあざけりたもうと描かれている。この神の笑いの中には、一片の優しさの暗示すらも存在しない。そのあざけりは、純粋な審きである。恵みと審きとの間の矛盾は、神のレベルにおいてはユーモアを通して解決するようなことは不可能なのである。なぜなら、神の審きは究極的審きだからである。旧約聖書の中では未解決の神秘として残っているこの矛盾は、神がキリストにおいて啓示されることによってのみ、解決されるのである。その啓示の中にはユーモアはない、あるのは受苦である。先にわれわれが見てきたように、キリストのことばの中には幾多のユーモアがある。しかし、十字架の上のキリストの情景にはユーモアはまったくない。唯一見出されるユーモアは、カルヴァリの丘の上で叫ぶ嘲笑の中にある。「他人を救ったが、自分自身を救うことができない。……

もし神の子なら、自分を救え。そして十字架からおりてこい」(マタイ福音書二七章四〇、四二節)。そしてピラトが命じたアイロニックな罪状刻銘「ユダヤ人の王」の中にもそれは見出される。このようなアイロニックで嘲笑的な認識は、コモン・センスを超越する啓示の次元に対するコモン・センスの側からの自然な反応であった。啓示の次元は、信仰によらなければ理解不可能であるがゆえに、その次元がアイロニックな笑いを惹き起こすのである。

十字架の中にはユーモアはない。なぜなら、神の審きと恵みとがそこで完全な仕方で啓示されているからである。その啓示の中で、神の義は、人間の罪の全次元が暴露されるゆえに、極度に厳しいものとなるのである。十字架は、神に対する反抗であり、そこで神は苦しむ。神は、罪の結果を免じることはできない。それにもかかわらず、神はまさしくその結果を、みずからの上に、みずからの中に、引き取りたもうことによって、恵みを示したもうのである。これこそが、キリストにおける神の自己啓示の中心内容なのである。これこそが、神の性格の秘密を解く究極の端緒なのである。恵みと義とは、笑いの中に先行《プロヴィジョナリ》的な仕方で含蓄されている。恵みと義との矛盾は、ユーモアのセンスの中で一時《テンタティヴリ》的な仕方で解決されている。しかし、義と恵みの矛盾、その完全な形における義と恵みとの矛盾の究極の解決は、審きの切っ先が鈍ることなく審きの主へと向けられるときにのみ、可能となるのである。この代理的受苦(vicarious suffering)という痛ましい経験は、笑いとはひどくかけ離れたところにある。そこに残る響きは、ただユーモアのセンスからの反響だけである。反響するのは、審きと恵みとがたとい矛盾し合っているように見えても両者は結び合うことができるということを、ユーモアのセンスの中で認められることを知らしめる響きである。しかし、そのユーモアのセンスの中には、その両者がどのように結びついているのか、またどのように両者の矛盾が解決されることになるのか、ということについての明確な「知識」は存在してはいない。

III

ユーモアのセンスは、先行的な仕方において自分自身の罪を取り扱うときに、他者の罪を取り扱うときよりも、はるかに勝って重要なものとなる。ユーモアは、人間の自己が自己を越える高みから自己自身を見おろす優越点を獲得し得る能力をもっていることの証拠である。こういうわけで、ユーモアのセンスは、自己超越（self-transcendence）の副産物である。ユーモアのセンスをもっている人々は、自己自身をあまりシーリアスにとることをしない。そういう人は、自己自身から「離れてその外に立つ」ことができるし、みずからをその視野の中に見ることができる。

そして、自己自身の思い上がり（pretension）の滑稽で不条理な諸相を認識することもできるのである。われわれはすべて、みずからの欠点やうぬぼれや思い上がりによっていささか滑稽なところがあるから、自からを笑う備えがなければならない。自己自身に滑稽なところがあるということは、はっきり言えば、われわれ自身をシリアスにとりすぎているということなのである。われわれはむしろ、生命の広大無辺な生物世界の中にあって、取るに足らない微少なるエネルギーとヴァイタリティのかたまりに過ぎないのである。ところがわれわれは、この生物世界のまさに中心であるかのように思い上がっている。この思い上がりは滑稽なことである。その不条理は、そのことを知らない無知によって増大する。われわれは、みずからを笑うことができなければできないほど、他人がわれわれを笑うことがもっともっと必要となり、また不可避となるのである。

重要なことは、幼児は、何にもとらわれることなく純粋に動物的な存在の喜びに満たされて笑っているその笑いに夢中になっているとしても、そこに酔っぱらった感じは全然ないということである。しかし、五歳か六歳ごろまでに、自分自身を笑える、あるいは、他者を笑えるような本当のユーモアの能力を示すまでに成長することはない。この年代には、子どもたちは、むしろ強い自己中心や目前の仕事に熱中することから、ある程度解放されだす。言い換えれば、ユーモアのセンスとは、自己超越の能力とともに出てくるものなのである。もしわれわれが自己自身の上に視座を獲得できるならば、そこからわれわれは自己の思い上がりが何か滑稽に見えて来ざるを得ないのである。

これは次のことを意味する。自己自身を笑うことができる能力は悔い改め（contrition）の感覚への序曲である、ということである。この笑いは、信仰告白の神殿の前庭である。しかし、笑いは、自己の罪の問題を究極的な仕方でもって取り扱うことはできない。もしわれわれが罪のもつ悲劇性（tragedy）を完全に認識するならば、われわれは、自己自身に夢中になること、人生に関する度はずれた要求をもつこと、応分の必要以上に注目を求める固執などが、隣人に有害な反作用を起こすものであり、また隣人が当然受けるべきものを自分が詐取することになるということを理解するようになるのである。もしわれわれが罪のもたらす真の悪を認識するならば、われわれは笑いがその問題を取り扱う能力がないことを知るであろう。もしわれわれがその悪の深みを知りつつ、なお笑い続けるとすれば、その笑いは、無責任の道具となるであろう。そういうわけで、笑いとは、信仰告白の神殿の前庭であるだけでなく、シニシズムと悔い改めの間にある係争地のようなものでもある。笑いは、自己も人生もシリアスにとらない気分を現すかも知れない。もしも人生をシリアスにとって自己自身の方をもっとシリアスにとらないならば、われわれは笑いをやめるであろう。「わたしの欲している善はしないで、欲していない悪は、これを行なっている」（ローマ人への手紙七章一九節）という人間の内面的矛盾は、決して笑うべき事柄ではない。

純粋な悔い改めの中には、笑いの中にはない、更なるもうひとつの次元が存在する。それは、われわれを越えた彼岸からくる審きの感覚である。純粋な悔い改めの中には、自分で自分を審くこと以上の何かがある。使徒パウロはこう明言している。「わたしはあなたがたにさばかれたり、人間の裁判にかけられたりしても、なんら意に介しない。いや、わたしは自分をさばくこともしない。わたしは自ら省みて、なんらやましいことはないが、それで義とされているわけではない。わたしをさばくかたは、主である」（コリント人への第一の手紙四章三〜四節）。自己はみずからに反対するものを究極の意味において知るということは決してないものである。今日の自己は、昨日の自己の行為を悪としてさばくかも知れない。しかし、それは、今日の自己が善なる自己であるということを意味するのである。われわれは、われわれの行為を自己審判を通して審く。しかし、そのような審きの中にある悪しき行為の深い根に気づくことはないのである。われわれは、自分の罪を審くかも知れない、しかし、われわれは、その審きの主体である自分自身を罪人《つみびと》としてさばくことはない。われわれが罪人なのだという認識、また過度な自己熱中の心の中から過度な欲求が出てくるのだという認識は、宗教的な認識であって、そのような宗教的認識はある意味において祈りなしには決して与えられないものなのである。そのとき、われわれ使徒パウロとともに、「わたしをさばくかたは、主である」ということを経験するのである。この経験の中には笑いはない。ここには痛みがあるばかりである。神との和解による純粋な喜びは、純粋な悔い改めの果実としてのみ可能なのであって、笑いを越えて、たしかにそれは笑いを完全に排除する必要はないにせよ、笑いを越えてその彼岸にある喜びなのである。

ユーモアのセンスが人間にふさわしい謙虚さの始まりであってその終わりではないということは、真の悔い改めの終わりはユーモアのセンスを生みだす種子が跡形なくすべてなくなってしまうという意味ではない。きわめて聖人らしい人間は、その眼にしばしばユーモアのきらめきをもっているものである。彼らは、自分自身と他者との両方を笑う能力を保っている。だが、彼らは、祈りの中では笑わない。なぜなら、神によってさばかれ、何の秘密を隠すことのできない神の審査の下に立つという、厳粛な経験だからである。しかしながら、人生のもっとも究極的な経験における笑いの不在ということが、すべての経験をうるおすものとしての笑いが存在するということを排除するものではない。悔い改めの経験の裏側には、たしかにふさわしい笑いが存在している。その笑いは、律法の専制支配から、また人間が実際より以上によく自分を見せかける思い上がりの奴隷状態から、解き放たれた人間の笑いである。自分自身を罪人《つみびと》だと知り、自己について何の幻想ももたず、人間の目の前であれ神の目の前であれ、みずからをありのまま以上によりよく見せようとする趣味などはもたず、そして、自分自身が罪から解き放たれ赦されていることを知る、これらのことは、新しい喜びをもたらす機会となるのである。この喜びは、笑いがその唯一の表現とは言えないがやはりそれもそのひとつであるようなある横溢感として表現されるのである。

Ⅳ

以上われわれは、ユーモアとは、人間自己の特質また隣人たちの特質の中にあるインコングルイティに対する反応であるとして検討してきた。われわれがそこで発見したことは、ユーモアは、人間本性のもつ諸悪を取り扱う方法としてたしかに健全なものではあるが、なおそれら諸悪を暴露する究極的な方法ではないということであった。しかし、人間は、人間的欠点弱点が提示するインコングルイティとは異なるインコングルイティに直面するものである。人間実存そのものがインコングルイティに満たされている。人生は、哲学者たちが万物をきれいな合理性の中に捉え図式化してわれわれを信じさせようとするほどには、人間の人生はその意味を明らかにされないものである。本当は、巨大なインコングルイティの上に置かれているのである。

人間は、あらゆる弱さを、この世界にある他の被造物と共有しているひとつの被造物である。それにもかかわらず、人間はその記憶力の中に歴史を保ち、その想像力の中で永遠の縁に接するというひとつの高尚な被造物でもある。人間は、内面世界に目を注ぐとき、これまで完全にははかり切れなかった神秘の深淵の更なる深みがあることを発見するのである。人間は霊（a spirit）である。そして、この霊のもつ諸性質のひとつとして、人間は自己自身と世界とを見る能力や万物の意味を考える能力をもっている。この人間は、観察者としては、宇宙のまさに中心である。しかし、この同じ人間が、「彼の生涯を、語られる物語のごとく、閉じてしまう」。この人間は「あしたにはえいでて栄え、夕べには刈られて枯るるなり」（詩篇九〇篇六節）という存在である。人間実存のはかなさは、人間の弱さのもっとも鮮烈な表現でありクライマックスである。

人間の偉大さと弱小さ、死ぬべき運命と不死性、このインコングルイティが、人間を悪へといざなう源なのである。ある者は、彼らの偉大さから弱小さへと逃れようとする。彼らは、「自然」のもつ平静さ（serenity）に達しようとして、精神の「自由」を否定しようとする。また、ある者は、彼らの弱小さから偉大さへと逃れようとする。しかし、このような単純な逃亡の方法はうまくいかない。自然への逃亡は、求めている平静さに達することはなく、かえって自然的官能耽溺へと至る。弱小さから偉大さへの逃亡の努力は、安全さではなく、権力への貪欲渇望という悪へ、また人間実存のもつ被造物としての諸限界を否定するという精神が産む対極の悪へと至るのである。

代々の哲学者は、内なる世界、そして外なる世界、思惟の世界というその中で人間が極めて偉大であるような世界、そして物理的延長の世界というその中で人間が極めて卑小無能であるような世界、その両者の間にある裂け目を橋渡そうと試みてきた。しかし、哲学者たちは、それができないでいる。それをしたと考えるのはみせかけであって、一方の世界を他方の世界のもつ諸次元へと還元するだけなのである。こうして、自然主義者、唯物論者、機械論者、その他すべての哲学者たちは、世界を主として物理的諸関係の体系と見るのであり、そこで構想される意味世界の中では、人間、しかもその霊的全次元のおける人間はみずからの居場所をもつことができないような世界なのである。他方、観念論的哲学者たちは、世界を合理的な整合性をもったものとして構想し、理性こそその秩序の素材であり、またその存在の基礎であると見る。しかし、この体系は、世界におけるカオスの広大な領域に対して正しく向き合っていない。だから理性を重んじる彼らは、理性の下方に越え、同時に上方に越える人間自身について適切な見方をとることができないのである。

ユーモアのセンスは、多くの点で、哲学の精神よりも、人生のインコングルイティを知るためにはより適当な資源である。人間それぞれの人生は秩序とか意味とかの内部また周囲に構築されるとすれば、もし人間が、人生をその内部にあるいはその周囲に構築している意味秩序体系を侵犯する変な運命の気まぐれに、笑いをもって対応できるならば、われわれは少なくとも不合理なものを早まってきれいに整った体系の中に解消還元してしまうような誤りをしなくてすむであろう。ものごとは突如われわれに「生起する」。われわれは、人生の職業設計を考える。だが病気がそれを挫折させる。人生計画を立てる。だが戦争は計画すべてをカオスに帰せしむ。自然界の嵐と猛威は、われわれの私的計画をいとも簡単に混乱に投げ込むのであるが、もちろんそれはそれ自身の法則をもっているわけである。それらは突然「生起する」のであるが、それは識別可能な因果関係の体系に従っている。世界の中に秩序の体系が存在するという事実には何の疑問もない。しかし、秩序ある全世界の中に存在する実存の多様なレベルを包括する秩序と意味の全体系を識別することは簡単にはできない。

人生における失望や挫折、不合理性や偶然性などに、笑いをもって対応するということは、ある高次な知恵の形式である。そのような笑いは、暗い不合理性を曖昧にしたり、またそれを無視したりするものではない。笑いは、その不合理性に、過度な感情や摩擦をもつことなしに、道をゆずる。運命をユーモアをもって受け入れることは、実際、自己を突き放すことの高度な形式をあらわしている。もし人間が自分自身をあまりシリアスにとり過ぎるようなことをしないならば、またもし人間の企てが危うさをもつものであることを感受するセンスがあるならば、そのことは人間が人生のドラマの始めから終わりまでを、人間自身の関心に限定された地点からではなく、それを越えたより高次な優越点から見ていることを証明するものである。ひとはその例として、黒人の笑いの能力の底に横たわる深い知恵のことを考える。奴隷制度の残酷さに直面して、しかもその枷を取り除くには社会的にあまりに無力であることから、彼らが学んだことはその耐え難い状況を、笑いによって、いくらか耐え得るようにすることであった。そこでは深い悲哀（parthos）とユーモアとが交じり合って、笑いがその限界に達したという事実を証拠だてているのである。

たしかに、人生の挫折と関わる笑いは、限界に至る。われわれは、人生の表面的な不合理性ならすべて笑うことが可能である。もしわれわれがその中を動いているさまざまな事件のつぎはぎ的現実を幻想にすぎないような未熟な秩序へと還元しようとしないなら、それだけたしかにわれわれはその判断の健全性を保持することになる。しかし、人間実存の究極的インコングルイティは「笑いとばす」ことはできない。死を笑うことはできない。もちろんそうしようとすることはある。

戦争の時代は、とりわけ「残酷ユーモア」（Galenhumor―絞首台上のユーモア）が豊かに実るものである。兵士たちは、戦闘直前に神経がはりつめる中で、ヒステリカルな笑いをとばすことがあると言われる。彼らは、戦友のだれかに降りかかるかもしれない不吉な宿命をおどけた調子で話す。ある兵士が近づく戦闘の前にこう言ったそうである。「軍曹、この小さな男を前線でおれの前に出さないでくださいよ。こんな小さくてはわたしは弾除けにはなりませんからね」。このジョークは、集まった戦友たちの喝采を得てうまいユーモアと受け取られた。しかし、その「小男」が次の日の戦闘で死んだとき、そのジョークに呵責を感じない者はいなかった。とにかく、死の問題の深さと広さに関わるには、それははなはだ不適切なものであったのである。

もしもわれわれが、人間実存の究極の問題と笑いながら取り組もうとするならば、またそのようにして人生をひとつのコメディへと転じようとするならば、われわれはそれを無意味さへと貶めることになるであろう。そういうわけで、もし究極的な問題をそれによって解決しようとするならば、その笑いは、喜びを運ぶ車ではなく、辛辣さ（bitterness）を運ぶ車となるのである。究極的意味において人生を笑うことは、人生を嘲ることである。その笑いの中には嘲笑のにおいがある。そしてその嘲笑の中には絶望の要素も感受されるのである。

笑いが、われわれ自身のたましいの中の悪というインコングルイティの要素とかかわるとき、それはシニシズムと悔い改めとの「中間領域」のような性格をもつと既に述べたが、同様に笑いがわれわれを取り巻く世界の中にある悪やインコングルイティとかかわるとき、それは絶望と信仰との中間領域となる。われわれの人生の秩序や目的を脅かす不合理な予知不能な運命を面白がって笑えるのも暫定的なことであって、それは必然的に苦い味になるか、それとも信仰へと行くか、もしわれわれがあれこれの挫折ではなく、またあれこれの偶然的な出来事ではなく、そうではなくてわれわれが死という根底的インコングルイティの問題に直面することを余儀なくされるとき、どちらかに行かねばならないのである。

われわれは使徒パウロとともに次のように言うことができる点に立って信仰をもつ。「わたしは確信する。死も生も、天使も支配者も、現在のものも将来のものも、力あるものも、高いものも深いものも、その他どんな被造物も、わたしたちの主キリスト・イエスにおける神の愛から、わたしたちを引き離すことはできないのである」(ローマ人への手紙八章三八〜三九節)。そうでなければ、死のインコングルイティに圧倒されて旧約聖書の伝道者とともにこう言わざるを得なくなる。「わたしはまた、人の子らについて心に言った、『神は彼らをためして、彼らに自分たちが獣にすぎないことを悟らせられるのである』と。人の子らに臨むところは獣にも臨むからである。すなわち一様に彼らに臨み、これの死ぬように、彼も死ぬのである。彼らはみな同様の息をもっている。人は獣まさるところがない。すべてのものは空だからである」(伝道の書三章一八〜一九節)。

人間実存の究極の問題は、ある文脈においてまたある視点から見て人間は動物と何ら勝るところがないという事実と、それにもかかわらず別の視点から見れば、人間の優越はきわめて大きなものであるという事実と、その二つの事実から出てくるのである。「すべてのものは空である」というようなメランコリックな結論を言うような動物は存在しない。なぜなら、動物の生の目的は動物的生の力を越えたものではないからである。また、それゆえ、動物の死は動物の生に何かふさわしくないもののようにして侵入したりしないからである。それだけでなく、動物は死を予期してメランコリにおそわれるようなこともない。人間のメランコリは死の予感にあるのであって、そのことは、人間には、死において終わる自然的プロセスを何らかの意味で超越するものがあるということの証拠となるのである。しかし、これはただ部分的な超越にすぎないのであって、人間の力はみずからの不死性を獲得するほどの力量はないのである。

死の事実においてかくも完璧にまた最後的に象徴的に出ている人間のこのような問題は、人間を動物とくらべて何の勝るところもないと証明しようとして解決できるものではないし、また、逆に人間の優越性をもって死が人間に対して何の支配力もないことの保証であると証明しようとしても解決できるものではない。人間は大いなるものであり同時に小さいものである。強いものであり同時に弱いものである。自然のもつ諸限界の中に巻き込まれており、それから自由でもある。人間は、霊《スピリット》（＝精神）と被造性という強さと弱さとの複合体である。それゆえ、人間は自分自身の力をもって自分自身をこの二重性の苦境から取り出すことができないのである。

キリスト教信仰が語るのは、神は被造物世界全体の主（Lord）であり、同時に人間的霊《スピリット》（＝精神）の父（Father）であって、この神の力と知恵の中に世界の究極的な秩序と意味とが見出されるということである。それは、人間実存のインコングルイティは究極的に神の力と愛とによって克服される、と信じる。そしてまたキリストにおいて啓示された愛が究極的には死の矛盾を克服する力をもっている、と信じるのである。

この信仰は、この「科学的」時代の人間が不必要だとする荒唐無稽な前科学的時代の遺物のようなものではない。科学以前、あるいは以後の時代とかを問わず、いかなる科学も哲学も、インコングルイティの裂け目を純粋に思想だけで跳び越えるような力をもってはいないのである。裂け目のこちら側で始める思想は、向こう側の現実を否定するより以上のことはできない。そのような思想は、精神が永遠であるゆえに死は現実性をもたない、ということを証明しようとする。他方では、いや死は現実的である、だから精神の永遠性などはない、ということを証明しようとする。しかし、現実の状況は、人間は自然界の一部であって、物語に終わりがあるように彼の人生は終わりへと至るということであり、そしてまた、人間は自由をもった霊的存在《スピリット》であって、彼の年月の短さにインコングルイティを覚え、死を非合理的なものと感じるのである。人間は、肉体と精神との複合体であって、思想によって、人間の生の次元を自然の限界へと貶し込めることもできないし、それを純粋精神の次元へと引き上げることもできない。人間の未完成な挫折させられた人生は、人間自身の力よりももっと大きな力によって完成されるのであって、さもなければその完成はないのである。

信仰こそがそれゆえに、実存のインコングルイティに対する究極的勝利であり、実存が意味をもっていることの究極的主張なのである。これ以外の勝利はない。どれほど人間の知識が増大したとしても、これ以外の勝利はあり得ないであろう。信仰とは、人間の霊（＝精神）のもつ自由の究極的主張であり、同時に、人間の弱さの究極的受容でもあって、人生の問題性に対する人間の力による究極的解決などはないという拒否を通して獲得される、その問題性の究極的な解決なのである。

ユーモアのセンスがインコングルイティの認識であるかぎり、それは理性によってインコングルイティを呑み込もうとするどんな哲学よりも、さらに深遠である。しかし、ユーモアのセンスは、それがただ直接的な諸問題に関わって、明白で表面に現れている非合理性に向き合うときにのみ、健康さを保っているのである。究極的な問題が出てきたときには、それは信仰へと至るか、それとも絶望の中に沈むか、必然的にどちらかに行かざるを得ないであろう。

そのようなわけで、笑いは神殿の前庭にある、そして神殿それ自体の中にその笑いの反響がある。しかし、至聖所の中にあるのは、笑いではない、それはただ信仰と祈りだけなのである。

訳者あとがき――解説に代えて

アイゼヤ・バーリンは、ラインホールド・ニーバーについて次のように述べている。「わたしは全き誠実さをもってこう言うことができる。わたしの長い人生にあってラインホールド・ニーバーの中に見出される高潔や慈愛と人間や社会の理解とのこれほどまでに完璧な結びつきを、他に見たことがない、と。彼は人間の誤りを犯す可能性がいかに癒しがたいものであるかを指摘するが、わたしは深甚なる共感をおぼえるのである。それだけでなく、こうも言い得ると思っている。道徳的魅力とでも言うか、そういうものをこれほどまでに豊かにもっている人物は、ラインホールド・ニーバー以外にはいない、と」。

人間と社会の知識においてその深さを認められている現代屈指の学者から、これほどの称賛を受けた人物が他にいるであろうか。人間と社会とを知る優れた学者のみが、人間と社会とを知ることにおいてより優れた学者を理解することができるのかもしれない。このようなバーリンの評価を、読者は、本書の中においても確認することになるのではないかと思う。

ラインホールド・ニーバーは、身体的にも巨人のように大きな人であったが、その鋭利な知性において、また繊細な精神において、はかり知れない内面の豊かさをもつ大きな人でもあった。彼はその名が示す通り、ドイツ系のアメリカ人である。父はドイツ系アメリカ人の教会の牧師であり、彼自身も同じ教派のデトロイトの教会で牧師をしたが、その後、ニューヨーク市のユニオン神学大学院にキリスト教倫理学の教授として招かれた。ユニオン神学大学院の建物はマンハッタンのブロードウェイをはさんでコロンビア大学の反対側にある英国のコート・スタイルの典雅な石造りの建物で、学者であるだけでなくすぐれた大学行政家であったアーノルド・ヴァン・デューセン学長のもと、世界的に著名な学問的スターたちが集まり、当時世界最大かつ最高の神学専門大学院として知られていた。

ニーバーは、その中でも傑出した存在であり、ニーバーの伝記を書いたC・C・ブラウンによれば、ニーバーがこの大学院のジェームズ・チャペルで説教をするときは、聴衆は学生たちばかりではなく、ニューヨークの知識人たちや政治家たちも集まり、常に満員であった。ラインホールド・ニーバーを記念して、ブロードウェイと一二〇番街の交差する大学院のシンボルとなっている塔のある角地は、ニューヨーク市の制定によって今日では「ラインホールド・ニーバー広場《プレイス》」と呼ばれているが、それはニーバーの影響力を思い起こすならば、それにふさわしいことである。

当時のユニオン神学大学院にはラインホールド・ニーバーのほかに、哲学的神学者パウル・ティリッヒや『カントからヘーゲルへ』という著作で知られた哲学者リヒャルト・クローナーのようなドイツ系の亡命学者もいた。ティリッヒは、ドイツ人として一九世紀ドイツの知的伝統の継承者であり続け、アメリカに来てもその本質は変わらなかった。ニーバーはティリッヒの亡命を助けた人であった。ティリッヒとニーバーとの間は、このユニオンを舞台として、きびしいしかしみのり豊かな論争を含む友情で結ばれていた。哲学者クローナーは、ドイツ観念論の研究者として著名な哲学者であったが、このユニオンで、哲学者から神学者へと移行した。彼は自ら語っているように、ニーバーの『悲劇を超えて』（*Beyond Tragedy*, 1937）を読み学問的なコンバージョンを経験し、生涯ニーバーを尊敬し続けた。

ラインホールド・ニーバーとティリッヒとの論争の背景は、ティリッヒがドイツの知的伝統を継承した人であったのに対して、ニーバーは、アメリカ人になった、ドイツ人であるということにあると言えよう。このアメリカ人に「なる」という経験を経て、ラインホールド・ニーバーは知的に独特な性格を獲得した。そして彼はアングロ・サクソン系でないにもかかわらず、アメリカの代表的な神学・社会倫理学者として、時代のオピニオン・リーダーとなった。

その当時、ブロードウェイのダウンタウンのタイムス・スクエアにあったニューヨーク・タイムス社には、リップマンのような有名なジャーナリストがいたが、彼らはアプタウンにあるユニオン神学大学院を見上げるようにして敬意を払っていたと言われている。ラインホールド・ニーバーがそこに存在したからである。

＊

本書は、まさに彼の最盛期に書かれ、彼の著作の中でももっとも読まれた書物のひとつである。読者は、一読してその迫力（それがこの翻訳によって脱力化されたことを恐れながらも、あるいは翻訳の向こう側まで読み取って頂ければ）を実感されると思う。

この書の原稿は一九五一年一一月一一日に出版社に送られ、翌年一九五二年の二月になって出版された。今年はそれからちょうど五〇年目となる。当時は第二次大戦の余燼がなおくすぶる中、新たな国際緊張に巻き込まれだした時代であった。ドイツは、そして日本も、完膚なきまでに破壊され、そして戦勝国であった大英帝国は低迷、凋落の兆しを見せていた。目を欧米以外の地域に転じれば、中国革命というアジアの大変化が起こった時代でもあった。コミュニズムは民族主義と結びついて急速に広まった。世界はいわゆる東西冷戦の構造によって色分けされつつあった。

戦後の固まらない平和の危うさの中で、世界はマルクスの預言通りに地滑りを起こすだろうと信じる知識人が数多くいた。確かにラインホールド・ニーバーも若いころマルクス主義の影響を受けた。その影響は彼の初期の著作である『道徳的人間と非道徳的社会』（大木訳白水社版）に見出すことができる。しかし、ラインホールド・ニーバーは当時の進歩的知識人のようではなかった。そこからすでに脱却していたのである。当時の進歩的知識人の左傾した言論は、あのベルリンの壁の崩壊、そしてソ連解体の後から振り返れば、戦争中の愛国的知識人の右傾した言論と同じ振幅をもって左に世界史の動向から外れ、その結末はミゼラブルなものとなった。

ラインホールド・ニーバーは、本書を書いたあとのことであるが、ハンガリー問題をめぐってスイスの神学者カール・バルトと論争したことがあった。しかし、それも今日から振り返れば、バルトの判断の誤りが目立つ結果となった。既に引用したバーリンの賛辞は然るべき裏付けをもっているということができるであろう。

ラインホールド・ニーバーは、本書において、みずからの国アメリカを鋭く分析して、そこに国家的内省の道を拓いた。アメリカの台頭は、確かにこれまでの世界史的な諸帝国のそれとは異なっている。それは古代メソポタミヤのアッシリヤ帝国やバビロン帝国とも、マケドニア帝国とも、ローマ帝国とも異なる仕方で台頭した。帝国主義的野望なしに、また皇帝的存在を持つことなしに、そして世界史的へゲモニーを担うべき国民的経験も精神的準備もないままに、アメリカは二〇世紀なかば、突然のように、世界史的勢力として台頭し、世界史の大舞台に躍り出たのである。ニーバーはそのアメリカと取り組んだ。リップマンの感想が残っている。ニーバーの講演を聞いたあと、「彼のような人を、もうわれわれは二度と見ることはないであろう」と言った。

しかし、書物が残っている。今も、いや今こそ、ラインホールド・ニーバーは読まれなければならないのではないか。最近までの世界の変化の中で、そして二一世紀の世界の展望において、この大国の行方はどのようになって行くか、そして世界の行方はどのようになって行くか。いや、どうあるべきか。二〇〇一年九月一一日の事件のあと、世界の知的人々の胸中に沸き起こる問いは、そういうものではないだろうか。アクトン卿の有名な言葉、「権力は腐敗する傾向がある、絶対的権力は絶対的に腐敗する」という警告は、権力のあるところ、そしてその権力が強大になるところ、その至るところにおいて必ずや妥当する。とくに最近のアメリカの対応をめぐるブッシュ大統領はじめアメリカ政府高官の発言を聞いて、ある知性の不在をだれか思わずにはおられるだろうか。その「不在」が、二一世紀への不安をかもし出す。

ラインホールド・ニーバーは、旧約聖書の預言者の系譜につらなる知性であり、「現代アメリカの預言者的知性」と見なされてきた。いわゆる学者とか思想家とか政治家というのではない。だからその言い方は正しい。現代アメリカの問題、いや、世界史の問題を見抜くのは、旧約聖書の預言者のような知性でなければならないからである。今日、このような預言者的知性が、広く世界中に欠落している。かつてマックス・ヴェーバーは、「神なく預言者もない」時代と言ったが、今は、そういう時代ではないだろうか。わが国はどうか。預言者的知性が欠落していると言われるが、とくにマルクス的疑似預言が過ぎたあと、このような知性に接することは必要であると思う。その意味で本書は、日本でも、読まれるべく必要な書であると思う。

＊

世界史と取り組む強力な知性は、政策にまでなって行くリアリズムを帯びたものでなければならない。ラインホールド・ニーバーの思想は、「クリスチャン・リアリズム」と呼ばれた。これが、今から半世紀前、戦後秩序形成への責任を負わせられることになるアメリカを、自己認識と責任意識へと導き、世界史の将来に世界共同体を形成すべく備えようとしたのである。マルクス主義の失敗をその人間観においてみたニーバーは、深い洞察にみちた人間学をもって、彼の方法論とした。その点で彼は一七世紀のホッブスが人間理解を政治学の方法論としたことに似ている。しかしニーバーのそれは聖書の光によって照らし出された人間の本性と運命の理解であり、彼はそこから引き出された人間学と歴史哲学をもってそれに基礎付けられた預言者的知性を持つようになったのである。

ラインホールド・ニーバーは、古代の偉大な神学者アウグスティヌスを自らの模範とした。彼は、バルトを現代のテルトゥリアヌス、ティリッヒを現代のオリゲネスと言った。それならば、ニーバーを現代のアウグスティヌスと呼ぶことは許されるであろう。本書に出ているのは、その性格において、アウグスティヌスの『神の国』のたぐいの「歴史の神学」である。彼においては、人間学と歴史神学とは深く結びついていた。本書でニーバーは、アメリカの問題をトータルかつラディカルに取り扱って、バーリンの言う「誤りを犯す可能性はいかに癒しがたいものであるか」という事実を、アメリカという国家レベルにおいて抉り出した。あるいは本書は、新約聖書のパウロ書簡の中にある言葉、「だから、立っていると思う者は、倒れないように気をつけるがよい」（コリント人への第一の手紙一〇章一二節）という言葉を、個人に適用するだけでなく、大国アメリカに適用して、この預言者的知性が物した書であるということができるであろう。

こうして、われわれは本書に、実存哲学と歴史哲学（あるいは歴史神学）とのユニークな結合を見ることができるのである。そこで扱われている事柄は、アメリカの具体的な社会状況や内外政策にかかわる極めて現実的な問題である。それにもかかわらず、これは、実存哲学者キルケゴールから取られた含蓄ある概念「アイロニー」の一語をもって、キルケゴールのいう個人的「実存」とは誰が見てもかけ離れたような世界史的「大国」アメリカの問題を捉えた、まさに空前——絶後とは言うべきではないにせよ——アメリカ論である（ちなみに本書の原稿をニーバーが出版社に送った一一月一一日は彼自身が指摘している通りキェルケゴールがコペンハーゲンの路上で突然の死を迎えた日であった）。

その切れの鋭さが、本書を読む者にさわやかさすら催させる。癒しをさえ感じさせる。ここでニーバーはあたかも原発癌を抉り出す手術ととり組んだ外科医のように、病巣を正確に突き止め、抉り出すことに成功している。本書はその種の外科手術の記録に似ており、その意味でこれはアメリカ史の「癒しのカルテ」のようである。この書は当時絶大な反響を呼んだ。C・C・ブラウンの伝記によれば、本書については『ニューヨーク・タイムス』の書評欄をはじめ、大小九つの書評が書かれた。

この書を読むことによって、ラインホールド・ニーバーが、既にのべたようにアメリカ人になったドイツ人であることの意味を改めて確認させられることになる。それは本書によって、彼はアメリカのピューリタン的伝統を単に理解しているだけでなく、その中にあってそれを批判的に解明しているからである。その伝統を理解することなしに、アメリカ史の特徴をとらえることはできないであろう。そしてそのことは当時のアメリカ史学界におけるピューリタニズムの再発見という出来事と深く関係している。その再発見は、ニューイングランドのピューリタニズムの研究の新生面をひらいたハーヴァードのペリー・ミラーやイギリスのピューリタニズムの緻密な研究を出したコロンビアのウィリアム・ハーラーの仕事において記憶されている。本書に対するアメリカ史の研究者たちや政治史の研究者たちの反響は、顕著なものであった。ケネディ大統領のブレインとなったアーサー・シュレジンジャー、外交官ジョージ・ケナン、アメリカ史家リチャード・ホフスタッターなどの絶賛を受けた。

直接本書との関係ではないが、イギリス労働党の政治家であったジョン・ストレイチーの感想はニーバー理解の一例として興味深い。彼は、スペイン戦争の頃は、コミュニストであった。しかし、のちにイギリス政界において活躍した政治家であった。一九六〇年にニューヨークでラインホールド・ニーバーに会った後で、長い手紙を書き、ニーバーの主著『人間の本性と運命』の読後感を書き送ってよこした。その中で、ストレイチーは、あのバーリンが指摘したような「人間が誤りを犯す可能性はいかに癒しがたいものであるか」というニーバーの認識の背後にあるものを、宗教改革者ルターの教説と結び付け、「あなたはルター派ではないか」と書いてきた。ニーバーはそれに対して「わたしは、トマスとかアリストテレスに対立する意味で、……あるいは理性的な人間が美徳ある人間だと考えるような人々に対立する意味では、ルター派であるかも知れません。しかし、人間をペシミスティックに考えて政治的絶対主義を支持するようなルター派に対しては首尾一貫反対しております」と答え、イギリスのミルトンや、ピューリタニズムに関心を寄せていることを表明した。このやりとりを見ると、いかに「神学」が欧米の知識人に共有の知的財産として継承されているかということを感じさせられる。そして同時にそれがいかに日本の知性に欠落しているか、ということを思わせられる。この角度から本書を見ると、それは、アメリカ史をトータルに対象とし、それをラディカルに取り扱った一種のアメリカの神学的研究、アメリカを神学的に究明するという意味での「アメリカ〈の〉神学」(〈の〉は所有格の〈の〉ではなく目的格の〈の〉である)ということができると思う。アメリカを「神のもと」(under God)にあるものとしてトータルかつラディカルに捉える、だからそれは神学的把握となる。この大国をトータルかつラディカルに捉えて批判することは、さきに預言者的知性と言ったが、「アメリカ〈の〉神学」であると言い換えることができる。

そうであれば、こうも言わねばならないであろう。そのようにして取り扱われる対象としてのアメリカという国それ自体が——日本で一般にたとえば科学や技術とか資本主義経済とか軍事力などの観点から見られているアメリカの姿とは異なって——いかに本質的に神学的なものであるか、本質的に神学的な国だということである。それは最近の社会学者ロバート・ベラーとそのグループによって再発見されているアメリカの社会システムの深層構造でもある。本書を通して、われわれは、ただ単にアメリカにはこのような知識人がいるということを知るだけではなく、アメリカはそもそもその社会システムの深みにおいてこのような神学的構造を持つ国であることを知るべきであろう。もしそうであれば、日本のアメリカ理解はやり直しが必要となるのではないか。

ストレイチーのこの長文の手紙は、ニーバーの妻でコロンビア大学の女子大学であったバーナード・カレジで教えたアースラ・ニーバーの *Remembering Reinhold Niebuhr*（『ラインホールド・ニーバーの思い出』）に収められている。ちなみにアースラは、イギリスのオクスフォードの女子学生で、そこからユニオンに留学し、ニーバーの講義を聞いた才媛であった（ニーバーのアングロ・サクソン世界への深い関心と理解はこの結婚によって生じたものであると言っても過言ではないであろう）。また同じ教室にヒトラー暗殺計画への関与で処刑された有名な神学者デイートリッヒ・ボンヘッファーも出ていた。

*

ラインホールド・ニーバーは、この書を書き終えた後、一九五二年二月一五日、のちに「ラインホールド・ニーバー広場《プレイス》」と呼ばれる街角を見下ろす研究室で、脳梗塞のために倒れた。その時ニーバーは六〇歳であった。それは学者としてのラインホールド・ニーバーのまさに最高の時期のことであった。彼が倒れた翌年、スターリンが死んだ。一九五六年にはハンガリー問題が起こり、一九六四年頃からベトナム戦争が拡大し、一九六五年にはアメリカ軍による北ベトナムの空爆が始まった。一九六八年にはソ連軍がチェコに侵入した。国内ではマルティン・ルーサー・キング牧師の指導する公民権運動が活発化する。その後彼の病は完全に治癒したとは言えなかったが、それでも彼の活動はこの後なお二〇年近くにわたって続けられた。アメリカが彼の発言を待っていたからである。一九七一年六月一日、ラインホールド・ニーバーは、あの祈りの言葉の場所ストックブリッジで、七八歳の生涯を終えた。

ニューヨーク・タイムスは、新聞一ページの半面を割いて長文の追悼文を発表した。また社説で取り上げ、「プロテスタント世界で彼の影響を感じないものはほとんどいない、それ以外の信仰をもつ人々、また宗教を拒否する人々もまたその多くは、彼の言説に耳を傾けた。彼は、この道徳的混迷の時代また急激な変化の時代にあって、多く政治的知恵の源であった」と評した。

*

ラインホールド・ニーバーが日本にあまり知られないできたのは、翻訳における困難、その困難の故の失敗によるところが大きかったと言わざるをえない。これまでラインホールド・ニーバーに関心をもったのは、大体において英語にかなり堪能な人々であり、そういう人々の中から翻訳にチャレンジする人びとが出た。それにもかかわらず、期待されたほどの実りを得なかったのは、単に英語の問題だけでなく、その表現における神学的レトリックが翻訳を困難にしたからであろう。本書は、かつてバイリンガルのアメリカ人大学教授オーティス・ケーリ氏によって訳された。時おり参看して先訳者の労苦をしのびつつ教えられた。

共訳者のひとりである大木は、ニーバーのもとで博士論文を書いた最後の学生であったが、その影響のもとにかつて『中央公論』誌に「預言者的知性と祭司的知性」(これは現在では大木英夫『終末論的考察』（中央公論社）に含まれている）という論文を書いたことがある。その際ラインホールド・ニーバーの有名な「冷静を求める祈り」を紹介した。その頃『朝日新聞』の「論壇時評」を担当していた故長洲一二氏（元横浜国大教授、元神奈川県知事）がそれに注目し、この祈りを広める役割を果たされた。そしてこの祈りは広く愛誦されるようになった。現在の日銀総裁の速水優氏もこの祈りを座右の銘にしておられるひとりである。このような祈りの人のアメリカ論であるということも付け加えて、読者の理解の一助となればと思う。この翻訳は、この度若い同学の協力者の助けによって可能となった。共訳者深井は、アウクスブルク大学哲学部での博士論文に、ヴォルフハルト・パネンベルクとニーバーの認識論と歴史哲学の比較研究を選んだ新進の神学者である。両者はともに聖学院大学総合研究所の組織神学研究センターのプログラムの一つとして「ニーバー研究」を推進している。

われわれの翻訳でもニーバーが独得の意味を込めて用いている言葉を日本語に移すために苦労した。とりわけ pretension、congruity、coherence と incoherence あるいは innocency と言った用語にはニーバー独自の思想が込められ、独特な使用が見られる。逆に言えば、これらの言葉は、もしそれを十分に理解することができるならば、ニーバーの思想をよく理解できるということになるかも知れない。それだけにいずれも翻訳しにくい言葉である。本書ではなるべくニーバーの意図に近い日本語に移すために、文脈によって訳語を使い分けている。その場合でも同じ言葉の訳語であることが分かるように、カタカナでルビをふったり、原語を訳語の後に括弧に入れて挿入したりしてある。

ストレイチーのようなレベルではないアメリカの知識人には必ずしもニーバーは分かりやすい存在ではなかった。しかし、その困難は別のところに起因していたかも知れない。それは彼の発想が旧約の預言者に似ていたからだと思う。預言者の運命は、時代に何十年も、あるいは何百年も先行しているゆえに、その時差がもたらす悲劇性をまぬかれない。いつも世に受け入れられないところがある。預言者はその先見と洞察とによって時代とのずれをもっているのである。ユニオンにおいて彼の後継者(その教授職は「ラインホールド・ニーバー教授」と呼ばれた最初の教授として)であったロージャー・シン教授は、旧約聖書の預言書の一つ、エゼキエル書の言葉「彼らが聞き入れようと、また……拒もうとも、自分たちの間に預言者がいたことを知るであろう」を引用して記念の一文を書いた。ラインホールド・ニーバーが、バルトなどと較べて日本の知的世界に必ずしも受け入れられないで来たのは、まさにその預言者的悲劇性によるものである。この書は厳しいコミュニズム批判を展開している。その批判は、政治学的批判であり、人間学的批判であり、もっと正確にいえば、神学的批判である。これまでラインホールド・ニーバーが受け入れられなかったのは、当時の日本の知性が、マルクス主義にあまりにも影響されていたためであろうか。しかし、ベルリンの壁の崩壊後、本書は理解しやすくなった。預言が当たっているからである。そして二十一世紀は、バルトよりもティリッヒよりも、日本ではニーバー的な思想が必要とされるだろうと思う。時代は預言者に遅ればせながらもその言葉に来る。そしてその言葉によって自らの運命をさとる。世界史は彼の見た方向に動いて今日に至った。将来に向かっても、この預言者的知性の示す道は続いて行くであろう。昨年訳者のひとり大木が、世界的に広く読まれた『歴史の終わり』の著者フランシス・フクヤマとワシントンで会ったとき、彼はもっとも尊敬する人物としてニーバーの名前をあげた。あの幻想の歴史の終わりを見た後で、ラインホールド・ニーバーがあらためて読み直されることを願ってやまない。

*

なお本書には付録としてニーバーの「ユーモアと信仰」という論文を収録した。それは本書の内容を理解するのに役立つだけではなく、それ自体が大へん興味深い論考である。この論文はかつて東京神学大学大学院で大木の指導のもとにニーバーについての修士論文を書いた塩谷直也牧師によって翻訳され、雑誌『形成』に掲載されたことがあるが、本書には大木によって改訳されたものが収録されている。

二〇〇二年五月三日（憲法記念日）　聖学院大学総合研究所にて

大木英夫
深井智朗

ラインホールド・ニーバー年譜

1892年	6月21日，ミズーリ州ライトシティーで生まれる。父グスタフはドイツ系移民の牧師で，母リディア・ホーストも同じドイツ系移民の牧師の娘であった。
1902年	ニーバー家はグスタフの転任のために，イリノイ州のリンカーンに移住する。
1907—10年	シカゴ郊外にあったドイツ福音教会のプロゼミナール（現在のエルムハルト・カレッジ）に入学した。卒業生総代として卒業。
1910—13年	セントルイス郊外にあるイーデン神学校に入学し，ここでも卒業生総代として卒業。
1913—15年	イェール大学に進学し，1914年に神学士（B.D.）を，1915年に文学修士（M. A.）を取得した。
1915年	デトロイトのベテル教会の牧師に就任し，1928年まで13年にわたってその職にあった。
1922年	『クリスチャン・センチュリ』誌の定期的な執筆者となる。
1923年	シャドーウ・エディー等と共にヨーロッパ視察旅行に行く。
1926—27年	ヘンリー・フォードとフォード社の従業員への取り扱いを批判する。

1927年	『文明は宗教を必要とするか』を出版する。
1928年	ニューヨーク市のユニオン神学専門大学院の教授会のメンバーになる。
1929年	デトロイトの牧師時代の日記をもとにして『飼いならされた冷笑家のノート抜粋』を出版する。
1928—30年	パウロ的なキリスト教理解への評価を深める。
1931年	12月22日，イギリスのウィンチェスター聖堂で，アースラ・ケッペル＝コンプトンと結婚する。
1932年	初期の主著と見なされている『道徳的人間と非道徳的社会』を出版する。またこの年の大統領選挙で社会党の候補者ノーマン・トーマスを支持する。
1933年	ナチスの反ユダヤ政策を批判
1935年	『ラディカル・レリジョン』（後の『クリスチャニティ・アンド・ソサエティ』誌）を創刊し，主筆者となる。
1936年	アウグスティヌスの著作を読み始める。
1937年	教会と社会と国家に関するオックスフォード会議で講演。またこの年『悲劇を超えて』を出版。
1938年	雑誌『ネイション』の定期執筆者となる。
1939年	エディンバラ大学でギフォード講演を行う。
1940年	「連合軍を支援することでアメリカを防衛するアレン・ホワイト委員会」に参加する。
1941年	雑誌『クリスチャニティ・アンド・クライシス』を創刊。またこの年『人間の本性と運命』（第一巻）を出版する。
1940—43年	社会主義から離れ，ローズヴェルトのニューデ

ィール政策を支持するようになる。

1942年　イェール大学から名誉神学博士号を受ける。

1943年　『人間の本性と運命』(第二巻)を出版。オックスフォード大学から名誉神学博士号を受ける。またこの年マサチューセッツのヒースで「冷静を求める祈り」をした説教を行う。

1944年　ハーバード大学より名誉神学博士号をうける。デモクラシーを擁護する『光の子と闇の子』を出版。

1946年　パレスチナにおけるユダヤ人国家建設を支持する。

1948年　アムステルダムにおける「世界教会協議会」で講演。

1949年　北大西洋条約を支持，ジョージ・ケナンの政策企画室のコンサルタントを引き受ける。『信仰と歴史』を出版する。

1950年　アスペン研究所で「アウグスティヌスの自己性の概念」という講演を行う。

1952年　『アメリカ史のアイロニー』(本書)を出版。脳梗塞の発作のため以後数ヶ月病床にあった。

1953年　『キリスト教現実主義と政治的諸問題』を出版する。

1954年　雑誌『ニュー・リーダー』の定期的な執筆者となる。またこの頃から核時代におけるアメリカとソ連の共存を訴える。

1955年　『自己と歴史のドラマ』を出版。

1955—57年　スターリン後のロシアの変化に対して，アメリ

	カのアジアにおける権力行使を抑制するように主張する。
1958年	『敬虔で世俗的なアメリカ』を出版する。
1959年	『国家と帝国の構造』を出版する。
1960年	ユニオン神学専門大学院を定年退職する。
1963年	公民権の立法化推進を支持。
1965年	アメリカのベトナムにおける軍事参入の拡大に反対する。『人間の本性と社会』を出版。
1968年	アースラーと共に，マサチューセッツ州ストックブリッジに転居。
1971年	６月１日，ストックブリッジで死去。

大木　英夫　おおき・ひでお

1928年生まれ。1956年東京神学大学大学院卒。1960年ユニオン神学大学院（ニューヨーク）ドクターコース卒。Th. D.（神学博士）。組織神学・社会倫理学専攻。元東京神学大学学長。現在，学校法人聖学院理事長。聖学院大学総合研究所長。
〔訳書〕『ピューリタニズムの倫理思想』，『ピューリタン――近代化の精神構造』，『終末論的考察』，『現代人のユダヤ化――現代文明論集』，『キリスト入門』，『歴史神学と社会倫理』，『偶然性と宗教』，『人類の知的遺産・バルト』，『日本の神学』（共著），『新しい共同体の倫理学』，『主の祈り』，『日本は変わるか』（共著），『宇魂和才の説』など。

深井　智朗　ふかい・ともあき

1964年生まれ。アウグスブルグ大学哲学・社会学部博士課程修了。哲学博士（アウグスブルク大学）。現在，聖学院大学総合研究所助教授。
〔論文〕*Paradox und Prolesis*, Marburg, 1996, 1999 (2. Aufl),『アポロゲティークと終末論』（北樹出版），『政治神学再考』（聖学院大学出版会），『文化は宗教を必要とするか』（教文館），『ハルナックとその時代』（キリスト新聞社）等。

アメリカ史のアイロニー

2002年6月29日　初版第1刷発行

訳　者	大　木　英　夫 深　井　智　朗
発行者	大　木　英　夫
発行所	聖学院大学出版会

〒362-8585　埼玉県上尾市戸崎1－1
電話048（725）9801
Fax.048（725）0324
E-mail: press@seigakuin-univ.ac.jp

印刷・堀内印刷
ISBN 4-915832-44-9　C1011

光の子と闇の子
デモクラシーの批判と擁護

ラインホールド・ニーバー著
武田清子訳

政治・経済の領域で諸権力が相剋する歴史的現実の中で、自由と正義を確立するためにはいかなる指導原理が必要か。キリスト教的人間観に基づくデモクラシー原理を明確にする。

四六判上製本体二一三六円

ラインホールド・ニーバーの歴史神学

高橋義文著

ニーバー神学の形成背景・諸相・特質を丹念に追い、独特の表現に彩られる彼の思想の全貌を捉えながら帰納的に「歴史神学としてのニーバー神学」と特質を解明する気鋭の書下ろし。

四六判上製本体四二七二円

歴史と探求
レッシング・トレルチ・ニーバー

安酸敏眞著

中間時における真理の多形性をとく「真理の愛好者」レッシング、「徹底的歴史性」の立場でキリスト教的真理の普遍妥当性と格闘したトレルチ、歴史の有意味性を弁証しつづけたニーバーのそれぞれの思想的連関を考察し、著書の神学的・宗教哲学的立場から偶然的な歴史的真理と必然的な規範的真理の関係性を明らかにする。

A5判上製本体五〇〇〇円

歴史としての啓示

W・パネンベルグ編著
大木英夫
近藤勝彦 ほか訳

神の啓示を客観的な歴史的事実の中に見ようとする「歴史の神学」の立場を明確にした論争の書。歴史の流れにおける神の働きを考察し、終末論的希望をイエスの復活に根拠付ける。

四六判上製本体三一〇七円

キリスト教社会倫理

W・パネンベルグ著
大木英夫・近藤勝彦監訳

われわれは、文化や社会の問題を、倫理的諸問題を、その根底から再考しなければならない時代に生きている。本書はその課題に神学からの一つの強力な寄与を提示する（あとがきより）。

四六判上製本体二五二四円